中职语文课程思政建设的实践与探索

陈锦吓 —— 著

海峡出版发行集团 | 海峡文艺出版社

图书在版编目(CIP)数据

中职语文课程思政建设的实践与探索 /陈锦吓著. －福州:海峡文艺出版社,2024.7
ISBN 978-7-5550-3618-0

Ⅰ.①中… Ⅱ.①陈… Ⅲ.①语文课－教学研究－中等专业学校 Ⅳ.①G633.302

中国国家版本馆 CIP 数据核字(2023)第 248181 号

中职语文课程思政建设的实践与探索

陈锦吓 著

出 版 人	林　滨	
责任编辑	蓝铃松	
出版发行	海峡文艺出版社	
经　销	福建新华发行(集团)有限责任公司	
社　址	福州市东水路 76 号 14 层	
发 行 部	0591－87536797	
印　刷	福州万达印刷有限公司	
厂　址	福州市闽侯县荆溪镇徐家村 166－1 号厂房第三层	
开　本	787 毫米×1092 毫米　1/16	
字　数	200 千字	
印　张	12.5	
版　次	2024 年 7 月第 1 版	
印　次	2024 年 7 月第 1 次印刷	
书　号	ISBN 978-7-5550-3618-0	
定　价	45.00 元	

如发现印装质量问题,请寄承印厂调换

目　录

第一章

语文课程与课程思政

当前，我国正处于在社会转型和经济全球化的复杂背景下，正在经历着由传统的农业文明向现代工业文明的伟大转型。伴随着这些巨大变化而来的是人们思维方式和社会价值观念的变迁，传统的道德观念和价值体系面临着新的挑战和冲击。作为教育工作者，我们要深刻认清自身所肩负的社会使命和立德树人的根本任务，充分挖掘课程中所蕴含的育人资源，创新"课程思政"育人理念，厚植爱党、爱国、爱人民、爱社会主义的情感，努力培养德智体美劳全面发展的社会主义建设者和接班人。

一、课程思政是新时期职业教育改革的根本遵循

课程思政的兴起与新时代的需求密切相关。新时代对于培养德智体美劳全面发展的社会主义建设者和接班人提出了新的要求。在社会快速变革和全球竞争的背景下，培养具有社会责任感、创新能力和批判思维的人才成为当务之急，而课程思政作为一种教育手段，正是为了满足这一时代需求而兴起的。

（一）新时代党和国家对课程思政的指导和要求

2012 年 11 月，党的十八大报告把立德树人作为教育的根本任务。

2016 年 12 月，习近平总书记在全国高校思想政治工作会议上，围绕"高校应该培养什么样的人、如何培养人以及为谁培养人"的教育根本问题，提

出"全程育人、全方位育人"，指出要用好课堂教学这个主渠道，思想政治理论课要坚持在改进中加强，提升思想政治教育亲和力和针对性，满足学生成长发展需求和期待，其他各门课都要守好一段渠、种好责任田，使各类课程与思想政治理论课同向同行，形成协同效应。

2017年2月，中共中央、国务院印发《关于加强和改进新形势下高校思想政治工作的意见》，提出要强化思想政治教育和价值引领，加强对课堂教学和各类思想文化阵地的建设管理。2017年10月，党的十九大报告提出，要培养担当民族复兴大任的时代新人。2017年12月发布的《高校思想政治工作质量提升工程实施纲要》中提出要构建课程育人质量提升体系，大力推动以课程思政为目标的课堂教学改革。此外，还提出要研制课程育人指导意见，充分挖掘和运用各门课程蕴含的思想政治教育元素，作为教材讲义必要章节、课堂讲授重要内容和学生考核关键知识。2018年5月，习近平总书记在北京大学师生座谈会上发表重要讲话，指出我们的教育要培养德智体美全面发展的社会主义建设者和接班人。他强调，培养社会主义建设者和接班人，是我们党的教育方针，是我国各级各类学校的共同使命。大学对青年成长成才发挥着重要作用。高校只有抓住培养社会主义建设者和接班人这个根本才能办好，才能办出中国特色世界一流大学。

2018年9月，习近平总书记在全国教育大会上指出，要培养德智体美劳全面发展的社会主义建设者和接班人。

2019年1月，国务院印发《国家职业教育改革实施方案》，提出要落实好立德树人根本任务，健全德技并修、工学结合的育人机制，推进职业教育领域"三全育人"综合改革试点工作，使各类课程与思想政治理论课同向同行，努力实现职业技能和职业精神培养高度融合。2019年6月，教育部发布《关于职业院校专业人才培养方案制订与实施工作的指导意见》，提出积极构建"思政课程＋课程思政"大格局，结合不同专业人才培养特点和专业能力素质要求，梳理每一门课程蕴含的思想政治教育元素，发挥专业课程承载的思想政治教育功能，推动专业课教学与思想政治理论课教学紧密结合、同向同行。2019年8月，中共中央办公厅、国务院办公厅印发《关于深化新时代学校思想政治理论课改革创新的若干意见》，提出坚持思政课在课程体系中的政治引领和价值引领作用，统筹大中小学思政课一体化建设，推动各类课程与思政课建设形成协同效应。2019年10月，教育部《中等职业学校公共基础课程方案》发布，其中提出：加强公共基础课程与专业课程的融通、衔接和配合，强化课程内容与社会生活、职业生活的联系，突出实践育人。选择与职业生涯密切相关的教学内容，有机融入职业道德、劳动精神、劳模精神和工匠精神教育，培育学生职业精神，提高职业素养。适应学生不同的职业发展需求，分类分层设计课程内容。

2020 年 2 月，《教育部高等教育司 2020 年工作要点》发布，提出要全面推进高校课程思政建设，充分发挥各类课程的育人功能，深入挖掘各门课程蕴含的思想政治教育内容，促进专业课与思想政治理论课同向同行，实现价值引领、知识传授、能力培养的有机统一。2020 年 9 月，教育部等九部门印发《职业教育提质培优行动计划（2020—2023 年）》，其中指出："落实全员全过程全方位育人，引导职业学校全面统筹各领域、各环节、各方面的育人资源和育人力量，教育引导青年学生增强爱党爱国意识，听党话、跟党走。引导专业课教师加强课程思政建设，将思政教育全面融入人才培养方案和专业课程。"2020 年 12 月，中共中央宣传部、教育部印发《新时代学校思想政治理论课改革创新实施方案》，强调要充分挖掘各学科专业课程蕴含的思想政治教育资源，推进各类课程与思政课同向同行。在教学中注重多样化评价方式，综合考核学生的思想政治素质。

2021 年 12 月教育部办公厅关于印发《"十四五"职业教育规划教材建设实施方案》，其中提出：全面落实课程思政要求，弘扬劳动光荣、技能宝贵、创造伟大的时代风尚。将知识、能力和正确价值观的培养有机结合，适应专业建设、课程建设、教学模式与方法改革创新等方面的需要。

2022 年 4 月 25 日，习近平总书记在中国人民大学考察调研时强调：要针对青少年成长的不同阶段，有针对性地开展思想政治教育。

（二）新时代课程思政的内涵

课程思政不是思政课，也不是一门独立的课程，而是一种综合性的教育理念和教育实践。基于党和国家对课程思政的政策性指导，我们可以总结出课程思政的三个基本内涵：

1. 课程思政是一种战略举措

课程思政是"落实教育立德树人根本任务"的战略举措。课程思政通过将思想政治教育融入课程教学中，旨在培养德智体美劳全面发展的社会主义建设者和接班人。通过课程思政，可以引导学生树立正确的世界观、人生观和价值观，培养学生的道德情操、思想素质和社会责任感。这有助于塑造学生良好的人格品质，培养他们成为具有高度道德修养和社会担当的公民。

2. 课程思政是一个重要途径

课程思政是促进学科与思政融合的重要途径。学校每一门课程都是价值引领、知识传授和能力培养三者的有机统一。课程思政将思想政治教育与各学科教育相结合，提高学科教学的思想性、理论性和内容的深度与广度。通过课程思政，可以帮助学生深入理解学科知识的深层含义，增强学生的综合素质和学科思维能力。同时，也有助于学生将学科知识与思想政治素养相结合，将学科学习的成果转化为服务国家、社会和人民的实际行动。

3. 课程思政是一种教育教学理念

课程思政不是一门或一类特定的课程，而是一种教育教学理念。学校所有课程都具有传授知识、培养能力及思想政治教育双重功能，承载着培养学生世界观、人生观、价值观的作用。课程思政强调将思想政治教育融入课程教学的方方面面，使学生在学习各门课程的过程中接受思想政治教育的熏陶和引导。它突破了传统的思政课程独立设置的局限，将思想政治教育的内容和目标贯穿于各门学科课程及教育环节中。

课程思政理念的核心是通过课程教学来培养学生正确的世界观、人生观和价值观，促进他们的全面发展。在顶层设计方面，它强调课程内容的选择和设计、教学方法的创新、教师的引导和带领，以及评价体系的建立，都要充分考虑思想政治教育的要求；在具体的实施中，要求教师要充分发掘各类课程的思想政治教育要素和德育资源，同时在教学过程中有意、有机、有效地对学生进行思想政治教育，在"润物细无声"的知识传授中融入思想政治素养层面的精神指引，实现思想政治教育与知识体系教育同向同行。

课程思政作为一种教育教学理念，在培养学生的综合素质和社会责任感方面具有重要的意义。通过课程思政的实施，学生可以了解国家发展、社会现实和时事热点，培养批判思维、创新意识和问题解决能力，树立正确的价值观念和道德观念，增强社会责任感和法治意识，塑造积极向上、有社会责任感的人格，为构建和谐社会、实现国家发展目标做出积极贡献。

（三）新时代课程思政的功能定位

教育是人类社会延续和发展不可缺少的实践活动。教育既传授前人在生产和生活中所总结出来的知识和技能，作为学生参加生活生产的准备，同时也传授一定社会所需要的思想、意识、道德规范、行为准则、文化传统、生活习俗等，作为学生参加社会生活的准备。教育这种社会活动，既是社会劳动力生产和再生产的必要条件，又是灌输一定社会文化思想的重要手段。教育是国之大计、党之大计。培养什么人、怎样培养人、为谁培养人是教育的根本问题。育人的根本在于立德，课程思政作为一种教育改革的重要手段，强调在课程教学中深入思想政治教育，将德育与学科教育相结合，推动教育目标的全面发展。

1. 课程思政体现人的本质需求

社会是人所组成的群体，人是社会的主体。马克思指出，人的本质是一切社会关系的总和。一切社会关系、社会活动构成了人的本质，从这一点出发谈到人的全面发展，始终要把人作为"社会关系的总和"来分析。马克思说："一个人的发展取决于和他直接或间接进行交往的其他一切人的发展。"人的全面发展是与整个国家和社会的运动发展密切相关的。因此，人应该努力成为一个和谐的人，一个与自然和谐、与社会和谐、与他人和谐、与自己和谐的人。

如何培养学生成为和谐的人，建立一种良好的社会活动和社会关系，实现人与自然、社会、他人相统一呢？和谐，不仅是知识层面的能力，更是情感态度层面的智慧。在学生的成长成才过程中，不仅需要知识的积累，更需要世界观、人生观、价值观的孕育，有对理想信念的坚定，对家国的深情热爱，对生命和自然的敬畏，对崇德向善、自强不息、扶危济困等优秀传统文化的继承，对中华民族伟大复兴的使命和担当等。学生只有确立自己的人生意义、价值追求、政治理想信念等并产生热烈的感情，才能自觉使个人奋斗目标与社会发展进步同向同行、共同发展，自觉运用掌握的科学文化知识为国家发展和社会进步事业服务，既有效实现自我的个人价值，又能为国家发展和社会进步做出贡献。

2. 课程思政满足学生的成长需求

看看相关新闻报道，今天的高科技犯罪手段达到了非常"精准"的地步，这些掌握较高科技手段的罪犯给社会带来的不是福音而是灾难。教育一定要引导学生用正确的价值观引领自己，这样知识越多、能力越强，才越有意义。"厚德载物"，"德"若不厚，就必然被"沉重"的知识或"强大"的能力所压垮。正如爱因斯坦所说："科学虽然伟大，但它只回答'世界是什么'的问题。"在学生了解了世界是什么之后，另一个问题就会随之而来，那就是"我们该怎么做"的问题。这是一个思想观念问题，需要教师予以人文情怀层面的关怀、教育和引导。科学文化知识本身不是目的，而是手段，教育的目的是要用知识和技能积极投身国家建设和社会发展。毕业后，学生不仅要成为一名专家，而且要成为一个和谐的人，一个追求内心平静、与他人和睦相处、与环境和谐共生的人；他能够发挥专长，为国家、为社会做贡献，成为德智体美劳全面发展的社会主义事业建设者和接班人。这正体现了教育的两种基本功能，即：教育促进社会的发展，教育促进人的发展。从这一层面而言，学生成长成才中对价值情感目标和政治理想信念的教育需求，是职业教育各类课程进行课程思政建设的出发点和归宿。

3. 课程思政拓展专业课程的广度、深度和温度

学校课堂如何才能更好地发挥教育的两种基本功能，才能真正实现培养社会主义建设者和接班人的教育使命呢？需要学校课堂具有广度、深度和温度。广度和深度是针对课程知识体系、教学体系而言的，温度则是针对课程的价值教育、价值引领而言的。课程思政在遵循思想政治工作规律、教书育人规律和学生成长规律的基础上，将教育的内容从知识、能力的维度深入到价值的维度。对于语文学科而言，就要根据"人文性与工具性并重"的特色和优势，深入研究中职语文学科核心素养，深度挖掘提炼语文知识体系中所蕴含丰富的人文内涵和育人价值，科学地拓展课程的广度、合理地深化课程

的深度，有效地提升课程的温度，从课程所涉及的各个方面、各个角度有针对性地丰富课程的知识性、人文性，水到渠成地提升课程的引领性、时代性和开放性。

4. 课程思政为人才培养服务

教育兴则国家兴，教育强则国家强。教育培养什么样人、为谁培养人以及如何培养人，不仅是教育的根本问题，更是国家发展的急迫需要和长远需求。新时代要培养掌握与民族复兴的历史重任相适应的素质和能力的时代新人，使学生进入社会之后成为能担重任的有用人才。为此，一线教师需要充分抓住课堂这个思想政治教育的主阵地。每一门课程的教学都涵盖知识传授、能力培养和价值引领三个层面的目标，是三者的有机统一。特别是作为职业学校公共基础课的语文课程，更应发挥对学生的思想引领和价值塑造，培育"德智体美劳全面发展的社会主义建设者和接班人"。

二、课程思政是新时期语文教学改革的应有之义

中职语文课程和思政教育有密切的关系。思政教育旨在培养学生的思想道德素养、社会责任感和创新意识，使其具备正确的价值观和人生观。语文肩负着母语教育和人文教育的双重任务，是中等职业学校思想政治教育的重要阵地。2020年，教育部颁布新时期首个《中等职业学校语文课程标准》，新课标着眼于学生核心素养的养成，注重学生可持续发展能力的培养，也关注课程与社会生活、职业生活的联系，为中职语文课程思政的实施提供了纲领性的依据和指导。语文教师要主动将新课标学习和具体实践对接起来，灵活运用课文中的思政教育资源，让思政教育之光在语文教学中熠熠生辉。

（一）语文课程践行课程思政的必要性

语文课程思政就是将思想政治教育与语文学科紧密结合，通过语文学习的内容和过程，培养学生的思想素养、价值观念和社会责任感，促进学生成

为具有良好人文素养和社会意识的有用之才。语文课程践行课程思政，不仅可以为学生提供语言文字技能的学习，更是培养学生正确的思想品德、价值观和社会责任感的重要途径。通过语文课程的引领和指导，学生可以在语言文字学习中提升思想和素养，提高自己的综合素质。

1. 课程思政是"立德树人"任务落实的时代要求

立德树人是中华民族教育的优秀传统。以孔子为代表的中国历代教育家在培养什么样的人和怎样培养人的问题上，不仅有着卓有建树的理论成果，而且实践探索出了一条成功的立德树人教育之路。《论语》有云"志于道，据于德，依于仁，游于艺"，将"德"作为行为的依据和准则；《礼记·大学》中的"明德""至善"，韩愈《师说》中的"传道"，都指向了教育的"立德树人"。

社会向前发展，教育不断改革，但立德树人根本任务不变。当代青年学生不仅是社会主义物质文明的创造者，更应是社会主义精神文明的继承者和弘扬者。党的十八大以来，习近平总书记围绕教育如何落实立德这个根本发表一系列重要讲话、作出一系列重要指示批示，强调立德的重要性，不断丰富和发展立德的内涵。2020年，教育部等九部门联合印发《职业教育提质培优行动计划（2020—2023年）》，将"落实立德树人"放在十大重点任务的第一位，并明确指出要进一步创新思想政治教育模式，将社会主义核心价值观融入人才培养全过程。2022年，十三届全国人大常委会通过了新修订的《中华人民共和国职业教育法》。新修订的《中华人民共和国职业教育法》，又再次强调了立德树人、德技并修是职业教育的人才培养目标。中职生是社会主义现代化建设的后备力量和生力军，更是实现中华民族伟大复兴路上的筑梦人。因而他们必须具备远大的共产主义理想，高尚的道德品质，有强烈参与社会主义现代化建设的思想意识，有认识、改造社会和大自然的欲望，有报效祖国造福人类、勇于探索和创新的精神，有顾全大局、严守纪律、公而忘私的情操。要培养这样的一代新人，就必须把教书与育人结合起来。

2. 课程思政是社会形势发展的必然要求

当前，我国正处于实现"两个一百年"奋斗目标的历史交汇期，社会在日新月异地发展变化，而社会的每一步发展、变革，都无不对我们的学生提出新的要求。当代青少年学生越来越多地受到外来文化思潮和价值观念的冲击，特别是社会上鼓吹、宣扬消费主义、拜金主义、享乐主义、利己主义的行为和思潮，不同程度地给学生健康成长带来了负面影响。这使得不少中职生出现了目标迷茫的现象，没目标、不上进、不努力，无聊、空虚、浑浑噩噩地过日子。同时，中职生的家国情怀和社会责任感也呈现出逐渐弱化的迹象，尤其在民族文化认同方面出现明显误区，缺乏文化自信和民族自信。在这样的思想背景下，中职生在学业和生活上也表现出急功近利、随波逐流的态度，比如轻视中华传统文化，青睐日本的动漫文化、欧美的影视文化，外来洋节越来越受年轻人的追捧；轻视人文素质类的课程，重视工具性强和技能性强的课程，只懂得技能对于求知谋生的重要性，但很少去考虑这些技能的应用范围及技能本身所包含的道德约束和社会责任。而且还有相当多的中职生沉迷于网络游戏的虚拟世界无法自拔，网络游戏中的打打杀杀的暴力场景已经严重侵害到他们的思想观念，使得他们思想偏激、价值观扭曲，忽视了亲情、友情，忽略了学业，忽略了生活，甚至会做出一些违法犯罪行为和极端行为。这些都会阻碍中职学生的思想健康、心理发展和学业进步。上述现象值得我们深思，也表明职业学校必须重视思想政治教育，将立德树人的教育理念切实贯彻到课程教学中去。

3. 课程思政是提升课程教学效果的内在要求

心理科学的研究证明：学生学习的过程是一个复杂的心理过程，一方面是认识过程，即感觉、知觉、记忆、思维、想象等；一方面是情绪的过程，即兴趣、注意、情感、意志等。这两个方面是互相促进的。研究还表明：情感是教学过程中不可缺少的支柱，它对于激励学习的热情，促进认识、记忆、思想、想象有着积极的、不可忽视的作用。语文教学过程中，教师如果掌握了心理学的规律，自觉地进行课程思政，发挥教材的感染力，其效果，不仅是加强了思政教育，而且会有效地促进学生更好地理解和掌握教材的语言文字，发展智力，培养能力。如一位教师教《与妻书》，由于注意了语言文字和思想内容的统一，使学生不仅有所知，而且强烈地有所感。在放配乐朗读视频的时候，不少学生感动得流下了遗憾和敬佩的泪水。这种课的教学效果是可想而知的。根据调查，学生反映，他们认为最有兴趣的，理解得最深的，记忆得最牢的，用得最好的，往往是那些受到教育、受到感染最强的、学习时情绪最高的课文。所以，我们说，在语文教学过程中，进行课程思政，也是促进学生学好语文，更好地掌握语言文字，提高教和学的效率所不可缺少的。换言之，就是：我们要提高语文教学质量，必须重视教学过程中的思想教育，重视教学中非智力因素的影响和作用。

（二）语文课程践行课程思政的可行性

语文课文蕴含丰富的情感、思想、文化内容，有着很强的"思政"功能。学生在获取语言知识、积累语言材料、联系语言技能时，必然要同时接受语言中包含的思想感情的熏陶、教育。语文学科独特的思想性、人文性，决定了听说读写不只是让学生提升语言交际能力，以更快融入社会的实用工具，而是为青少年学生培根铸魂、修身养性的方式方法。

1. 语文是载道明理的工具，富有思想性

语文在众多学科中之所以最有利于课程思政，是因为语文是工具性和人性兼具的基础学科。柳宗元说："文者以明道。"（《答韦中立论师道书》）周敦颐说："文所以载道也。"（《文辞》）叶圣陶也说："启发与指点，我意宜注意文章作者是如何达到此思想认识，有如何表达之。所谓篇章结构，盖皆由此而定。徒求之于篇章结构而不探其本，是为以文学文，恐非善道也。"（《论集》）文就是为了"明道""载道"，总之是为了表达道的，不表达道的文章是不存在的。所以，字有字义，词有词义，句有句意，段有段意，篇有主旨。教材中的课文，尽管有古今中外、社会自然，题材、体裁、风格等方面要多种多样，但都是一定的思想内容和语言形式的统一体，不可分割。学生的作文，不管写得好坏，都是他们思想水平、认知水平的折射。就是一些仅有只言片语的文字游戏，也可以反映出参与者的思想情趣。而在教与学的双边活动过程中，教师与学生的对话，就更是思想的传递和交流。所以，思想性是语文的固有属性，是一种客观存在。它蕴含于课文篇章中，贯穿在课堂训练中。相对于专业技能课而言，显然语文课的思想性更为强烈；而与思想政治课相较，语文课的思想性虽不够完备系统，却更为开放包容。这里我们要特别指出的是，不能狭隘地把语文的思想性等同于政治性。中职语文的"思想性"还应包括道德情操、理想信念、传统文化、伦理观点、革命传统、家国情怀、审美情趣、科学理性思维等，"文以载道"正好彰显了语文工具性与思想性的统一。

2. 语文是表情达意的工具，富有情趣性

情感教育是课程思政的核心，语文是表情达意的工具，语言文学都应具有情趣情感性。语文人文性的实质就是人的精神情趣性。语文教材是承载和传播情感的载体，蕴含着浓郁的情感因素，比如人们常说的"七情六欲"以及道德感、责任感、理智感、美感等等。它囊括了大量内涵丰富的情感教学资源，提供了丰富的情感教育的素材和触发点，这方面是其他学科远不能及的。这些情感灌注在文章的行文中，消融在读者的思想里，达到"通其情、达其理、导其行"的教学目标。现在越来越多的学者把意向性研究纳入研究语言的一个维度。语文的意向性指在话语和文章中表现出来的对现实事物的看法、态度和感情倾向，它们与情感相类，包括需要、兴趣、动机、意志、性格、气质、习惯、自我意识、价值观等非智力因素。感情是人们追求真理的原动力，必须重视情感意向在语文教学中的动力作用。只有激发学生的情感体验，学生才能与作者同悲同喜，才能准确理解作者的写作目的及蕴含于语言文字中的思想感情，才能用适当的语言表达自己的思想情感，写出真情实感、情文并茂的文章，更好地提高学生的语文能力。因此，语文课在传递知识、培养能力、训练思维、陶冶情操时，应情思深意蕴于文内，情趣风致见于言外，完成培养和发展学生情意的独特使命，发挥其"移情动心、潜移默化"的功能。而"移情炼意"也正是语文课程思政的最大优势，是其他学科所难以企及的。

3. 语文是审美创美的工具，富有美感性

没有美育的教育是不完整的教育。语文教材中遴选了许多"文质兼美"的典范作品，它几乎涵盖了美的各个领域，表现了美的各种形态，其中有鬼斧神工的自然美，有包罗万象的社会美，有独具匠心的艺术美，还有光怪陆离的科学美，简直是一个五彩斑斓的美的世界。它们集中反映了作者对自然美、社会美、科学美、艺术美的认知和追求。语文的美感含有丰富的内容、形式和风格，内容方面有人物美、环境美、意境美、理性美，形式方面有结构美、语言美、节奏美，风格方面有东方美、西方美、含蓄美、奔放美等等。语文教学应该通过文学作品所表现出来内容美、形式美、风格美对学生进行多侧面、多角度、立体式的美感教育，帮助学生树立自觉的审美意识和高尚

的审美情趣，逐步提高学生的感知美、鉴赏美、创造美的能力，让美的意识、素养和能力伴随学生一生。同时这种美育活动还可以发展学生的观察力和形象思维能力，开发学生的想象力和创造力，对于启迪智慧、塑造品格、促进学生的全面发展无疑都是大有裨益的。

现行中职语文教材把审美教育的内容作为塑造符合现代要求的高素质人才的重要一环，为开展审美教育创造了有利的条件。课本所选的文学作品，几乎占整个教材的二分之一，涉及诗歌、散文、小说、戏剧四大文体。这些文学作品多是代表古今中外文化精华的传世之作，具有极高的艺术价值、欣赏价值和教育价值，其中蕴含极为丰富的美育资源，既为学生学习积累语言文字知识、文学技巧知识、作家作品知识以及必备的社会科学知识提供了形象生动的教材和范本，也为语文教师有效地实施审美教育提供了丰富的实例。教师应通过阅读、讲解、分析，破译教材中美的内涵，引导学生去发掘、体会、欣赏作品的自然美、社会美、艺术美、科学美。

（三）语文课程思政育人的特殊性

任何事物都有其共性（普遍性）和个性（特殊性）。共性决定了它和其他事物的密切联系，而个性构成了它自己特有的形象，与其他事物严格地区分开来。由于中职语文课和思政课都担负着向学生进行思想教育的任务，所以不少人常常将二者混为一谈，这主要是没有正确认识语文课中思想教育的特殊性所致。我们在强调语文课程思政的时候，要充分意识到它的特殊性，处理好语文课的人文性和工具性辩证统一的关系，在教学实践中使工具性和人文性相互为用，是落实语文课程思政功能的基本途径。

语文课程思政的特殊性主要表现在以下几个方面。

1. 语文课程思政内容的包容性

我们所说的语文课程思政是一个广义的概念，它包括了政治教育、思想教育、道德教育、心理品质教育等几个方面的内容。中职语文课本编入了众多的课文，所涉及的思想教育内容，千姿百态，包罗万象。拿高教版中职语文课本分析如下。

政治教育包括：热爱党、热爱领袖、热爱社会主义、热爱人民、拥护社会主义制度等。教材中，侧重进行这方面教育的如《沁园春·长沙》《天路》《国家的儿子》《荷花淀》等。思想教育包括：辩证唯物主义立场、观点、方法的启蒙教育，树立正确的世界观、人生观的教育等。教材中，侧重进行这方面教育的如《读书人是幸福人》《改造我们的学习》《世间最美的坟墓》《与妻书》等。道德教育包括：热爱集体、关心集体、热爱劳动和劳动人民、助人为乐、行为规范等。教材中，侧重进行这方面教育的如《我的母亲》《敬业与乐业》《金大力》《百合花》《善良》等等。心理品质教育包括：培养良好的兴趣、爱好、意志、情操等。教材中，侧重进行这方面教育的如《劝学》《师说》《画里阴晴》《士兵突击》等等。每篇课文所具备的思想教育因素均不是单一的，而是多角度、多侧面的，既有这方面的教育作用，又有另一方面或其他几个方面的教育作用。

语文课程思政内容的包容性，对教师政治思想素质提出了更高的要求。语文教师必须了解一定的历史文化知识、心理学知识与思想政治教育知识，提高思想政治觉悟，增强党性锻炼，教学时才能充分挖掘教材思政元素，才能高屋建瓴，不畏浮云遮望眼，"恰逢其时"地抓住其触发点进行教育，获得良好的教学效果。

2. 语文教材中思政内容编排的分散性

语文学科的工具性决定了语文教材不可能像思想政治教材那样，以思想教育的不同侧重面分阶段、分层次、分类、分册、分单元编排系列。它需根据学生的年龄特点，遵循语文教学的规律，按照"字、词、句、篇、语、修、逻、文、听、说、读、写"由简到繁，由易到难，循序渐进，分级训练，分项安排。各种形态的思想教育内容寄寓于语言文字之中，散落在各册书、各个篇目中。目前中职所使用的多数教材，各册各单元课文的思政内容均无法构成项目，形不成体系。相对而言，没有整体的规律可循。不同的字、不同的词、不同的话、不同的段落、不同的篇章，各有各的思政教育的侧重面。这就形成了语文课程思政的又一个特点——分散性。

由于语文教材在课程思政方面形成的分散性，给语文课程思政教育带来了一定的难度。不集中就容易忽略，不集中就容易轻视，不集中就会造成零敲碎打，不讲求效率。因此，作为一个语文教师，在教学中，不仅要掌握每篇课文的思政内容，还要从备课开始就要明确课程思政教学目标，深入挖掘教材的思政元素，并将其融入到教学设计，体现在学生学习任务。而且要通读整套教材，深入细致地梳理本教材的思政要求，特别是要预先了解所教授专业的人才培养方案，掌握这个专业、这个学期甚至是这个学年所授教材的编排体系和内容，运用思维导图进行归类归项，相互照应。每一章节每一堂课思政内容都要有机联系，实现整体设计，循序渐进。这样才不至于造成想到哪里教哪里，鸡零狗碎，同一内容在同一层次上多次重复，更有甚至出现前后不一、自相矛盾的情况，反而适得其反，不能收到应有的育人效果。教师越是能够运用自如地掌握教材，越是能够得心应手地、如盐入水地渗透思政教育，通过整合、衔接、深化，不同篇章的思政内容在分散的同时表现为在点上以不同方式和形式的相对集中，从而强化课程思政育人效果，达到预期目的。例如：高教版中职语文教材中选编了多篇倡导学生读书学习的文章，有《劝学》《师说》《读书人是幸福人》等。谢冕先生的《读书人是幸福人》文字浅显而含义深刻，关键是让学生理解读书求知的重要性，从而养成勤于阅读的良好习惯。教学这一课时，在适当的情况下，巧妙地、自然地联系前面已学过的有关课文，进一步讲解读书人为什么会拥有两个世界，读书为什么能使人向善避恶，深化学生对读书学习对人生发展的重要性的认知，使其受到指引、熏陶。

3. 语文教材中思政内容的潜藏性

在课程思政方面，语文教材和思想政治课教材有很大的不同。思想政治课教材的思想教育意图几乎是直述给学生的。单从课程名称看，就十分明显。比如《中国特色社会主义》《心理健康与职业生涯》《哲学与人生》《职业道德与法治》等。即使是一则案例故事，也要加上明显的提示，突出思想教育的目的，文章内容的表述更是如此。而语文教材的思想性却别有用心地埋伏在文章的字里行间，犹抱琵琶半遮面。因此，语文教师在利用教材进行思政育人时，必须很好地钻研语文教材的内涵和外延，深度开掘每一单元及每一篇课文，准确地把握思政育人的关键和要求，才能在教育教学过程中，因势利导，对症下药。例如《南州六月荔枝丹》，它是一篇科学介绍荔枝生态的说明文，似乎并没有可供思政教育的内容。但是，如果从"社会主义现代化的荔枝生产，应该能够逐步满足广大人民的生活需要"着手，让学生联想已经基本实现"荔枝自由"的当下现实，去设想遗传工程方面解决荔枝保鲜与生长极限问题，一定能激起学生的民族自豪感和对科学的浓厚兴趣，培养发展祖国科技事业的历史责任感。

4. 语文教育内容的形象性

语文学科就其形象性而言是其他学科包括思政学科都是难以比拟的。就课文而言，无论是政治教材还是语文教材都提供了思政育人的材料，但二者之间还是存在明显差异的：前者抽象性强，偏重理性思维，学生不容易理解，后者则形象性强，偏重感性思维，更容易被学生所接受。在教育方法上：思政课多是从教材的内容出发，先是介绍某个原理或道理，并要从中推出某个结论，教师授课的动机是十分明显且直接的，就是要学生认识以至接受某个观念；而语文课往往是在叙述故事、描绘场景、分析形象来传递思想和意蕴，虽然教师也有明确的教育动机，但这个动机一般是隐而不露的。社会心理学的研究表明：与理性的教育相比，感性教育更有情怀、有温度，更容易被学生多接受；我们的教育愈体现出宣传的无意识性，那么所收到的效果也就愈好。语文学科生动的形象性，决定了语文教学中课程思政的方法也应该是形象而又蕴藉的，应自然而贴切地渗透于课文的讲读之中。显而易见，语文课的教育不在于直接阐述了什么道理或得出什么结论，而在于激起学生"对善良事物的钦佩和对邪恶势力的不可容忍的态度"（苏霍姆林斯基语）。

5. 语文课程思政时间的相机性

由于语文课程思政内容排列的散点式，也由于教学过程的动态化，语文德育的时间表现出相机性的特点。这个"相机"，首先是指结合课文的有关内容，将思政渗透在理解课文的训练过程中。其次，还应包括在教学过程中，要根据学情恰当处理那些涉及思政范畴的偶发性事情。例如毕淑敏女士的《离太阳最近的树》，通常是将其作为提倡环保意识的作品，但考虑到近年来心理问题低龄化趋势明显，青少年极端危机事件时有发生，作为语文教师，我们要主动担责，加强对文章内蕴含的生命教育素材挖掘，并采取有效的教学手段进行设计，有目的、有计划地引导学生认识生命的价值。所以在讲授这篇课文时，也可以红柳顽强的生命力和不屈的精神为出发点，设计"欣赏红柳之美""感受红柳之悲""感叹红柳之殇""领悟红柳之诫"四个教学环节，通过"画龙点睛"等方式，由表及里地引导学生从文本材料中感受红柳在极端恶劣的自然环境下所展示的生命力的顽强，从字里行间发现跃动着的生命体验，并用这些生命体验来唤起学生对生命的热爱和珍惜。

还应指出，有时在课堂上还会有一些偶发事件，与具体课文的教学几乎风马牛不相及，但作为一名具有自觉的课程思政意识的教师，不能视而不见，也不能随意放过，而应相机处理，将其转化为课程思政"教材"。曾经听过一个案例：语文课上，教师正讲得津津有味，教室里响起打呼噜的声音，一部分学生笑起来。教师不得不停下来解决这一问题。他看了看睡觉的同学，决定还是继续讲下去："描写生动，要使用象声词，绘声绘色地描写事物的声音形状。绘声，就是用象声词模仿声音。比如，睡觉的憨态，就可以用现在的声音来描摹。请你们注意倾听。"教师作出倾听状，同学们都笑了起来，那睡觉的学生也被笑声笑醒了。教师又说下去："那么你们的笑声呢？该怎么描摹？对，酣睡声是刚才某某同学发出的响亮的'呼噜'声，笑声就是大家发出的'哈哈'声。"在这个案例中，教师始终没有正面批评那位课上睡觉的学生，而是在顾及学生的自尊心的基础上，采取语言暗示的方法，把它融入课堂教学的内容中，变不利为有利，达到了意想不到的教学效果。

6. 语文课程思政方法的渗透性

渗透性的方法也称为隐形教育方法。用苏霍姆林斯基的话说："任何一种教育现象，孩子在其中越少感觉到教育意图，它的教育效果就越大。"（《给教师的建议》）杜甫的《春夜喜雨》也能生动地揭示出它的内涵："好雨知时节，当春乃发生。随风潜入夜，润物细无声。野径云俱黑，江船火独明。晓看红湿处，花重锦官城。"这里说的是要捉住时节，适机潜入，润物无声，强调的是在不知不觉间使学生接受影响和熏陶。因为文章的思想性是蕴藏在经过精心组织的语言文字中，所以，语文教学中的思政教育必须通过引导学生因文解道、咬文嚼字来实现。这就是说，在语文教学中不能靠贴标签、架空分析，去直接灌输，或者离开课文而穿靴戴帽，另搞一套，都是不足取的。有的教师教学《金大力》和《探界者"钟扬"》等课文，不去推敲词句，却让学生联系自己当前的学习情况，与金大力、钟扬等进行对比，教育学生不自卑，不得过且过，要勤学苦练，精益求精。还有的教师教学《士兵突击》一课，讲课将要结束时，让学生分组讨论：你们向许三多学习什么？怎样学习？拖了一个长长的政治尾巴，教育效果可想而知。

　　语文教学中的课程思政的唯一途径是"渗透"，渗透的特征是潜移默化，熏陶感染。这就必须充分发掘语言文字的表现力，发挥文中"形象"的感染力。不同的课文，运用不同的方法，或分析词句的深刻含义、感情色彩；或剖析人物的内心世界、语言行为；或创设情境，让学生身临其境，受以感染；或通过表情朗读去体会，以至于利用现代信息技术等辅助手段进行诱导。语言文字理解得越深、越透、越准，思想感情激发得越充分，达到与作者产生"共鸣"的程度，更会使学生受到思想上的感触。如学生读了林觉民的《与妻书》后，无不因烈士的"儿女情长"而动容，又无不为烈士的英雄志坚所折服。他们往往从一个林觉民联想起中华民族无数优秀儿女可歌可泣的事迹，了解到他们高尚的品格和宽广的胸怀，体会到一个青年对社会所承担的责任。这种鉴赏既包含了受教者直观的感受，又凝聚着他们分析、综合、选择和联想等丰富复杂的思维活动。对学生而言，这种教育的有效性超过了教师的单向传授。因此说，只有让学生产生情感体验，才能使学生与作者"共鸣"，才能真正"渗透"入心，受到教育。

第二章

中职语文课程思政应遵循的原则与要求

一、中职语文课程思政的基本原则

加强"思政"教育是时代赋予教育的重要使命。语文课程思政原则是指导语文课程思政的原理、法则。它既是一般教学原则在语文课程思政中的运用，又是语文课程思政特殊规律的反映。根据中职语文课程思政的规律，我们可以确定以下 7 条基本原则：渗透性原则、概括性原则、准确性原则、特殊性原则、训练性原则、感染性原则、发展性原则。

（一）渗透性原则

人们常说"文以载道"，中职语文教材中的课文都是通过精心挑选的，课文的字里行间无不蕴含着社会主义的思想教育因素，这就决定了语文教学中思政元素的渗透性。在语文教学的整个过程中，我们要充分发挥思政元素的渗透作用。

1. 字词的渗透

中职学生普遍语文基础较弱，字词积累与梳理是中职语文教学的重要任务。在字词教学中，就可渗透课程思政因素。例如，在《单据》写作教学时，老师在教授"壹、贰、叁、肆、伍、陆、柒、捌、玖、拾"这些大写数字前，可以先给学生介绍这些大写数字的由来，既传播了中华优秀传统文化，又可强化学生的认知，这就把字词的学习与渗透在字词中的课程思政元素结合起来了。

2. 句段的渗透

学生在理解字词的基础上进行句段的学习，这时课程思政因素的渗透会更加丰富。例如，老舍《我的母亲》就将母亲的爱女之情凝聚在一个细节中："她挣扎着，咬着嘴唇，手扶着门框，看花轿徐徐的走去。"这一特写镜头的背后，我们看到了支撑母亲的全部力量，那就是她的一颗炽热的爱女之心，令人潸然泪下。对一个段落的理解更需要思政因素的参与。老舍先生写除夕之夜母亲送"我"返校：除夕，"我"请了两个小时的假回到"清炉冷灶的家中"，母亲"笑了"。只一个"笑"字，就将母亲见到儿子的那种喜出望外的心态和抑制不住的激动之情表现得淋漓尽致。当听说"我"还要回校时，她先是"愣住了"，然后是半天才"叹出一口气来"。这一"愣"一"叹"里包含了丰富的心理活动，反复咀嚼，令人感动。临走时，母亲递给"我"一些花生，说了声"去吧，小子"。母亲的这句话听起来极普通，仔细品味，却别有深情，这里有母亲对儿子的理解，母亲对儿子全部的爱。舐犊情深，溢于篇外，这样将人们对老舍的热爱转化为对母亲的崇仰和缅怀。

3. 篇章的渗透

每一篇课文都有着一个占主导地位的德育因素，或赞美某个事物，或揭示某种规律，或阐明某一道理。例如，张抗抗《窗前的树》这篇，依序写了洋槐春夏秋冬的四时姿态，作者用她生花妙笔充分展露了洋槐的形态美。目的却在于借物抒怀，表达了热爱自然、享受自然、体验与自然和谐共处的意趣。至于那些描写英雄人物的课文，如《探界者钟扬》《国家的儿子》……其思政元素的渗透就更为突出了。

4. 作业的渗透

完成作业是对语言文字理解的巩固训练，这里同样不可忽视思政的渗透。例如《棋王》课后设计了这样一个作业：在有动乱的背景下，王一生这种"以棋解忧"的人生态度究竟是消极遁避的，还是积极乐观的？分析一下并和古人（比如陶渊明、周敦颐等）进行对比。要完全地理解"以棋解忧"的人生态度，必然要联系"民族文化精神"这个元素来理解。又如写作文，更要有一定的思想性。

（二）概括性原则

中职生是一个特殊的群体，他们的文化基础通常都比较薄弱，对教材中潜在的思政元素，很多学生没办法直接认识并理解，存在"一叶障目不见泰山"的现象。这就需要教师引导学生进行具体的分析和归纳，深入挖掘思政元素并予以概括和总结，以促进学生理解掌握。

1. 构思的概括

好文章离不开新巧的构思，语文教材中的作品一般都构思精巧、跌宕起伏。文章的构思往往是为表现作品的主题服务的，作者在这方面常常煞费苦心。我们如果能以此为抓手，顺藤摸瓜，层层深入剖析，亦可提升思政教育的效果。

如《项链》一文，作者在文章中先极力渲染玛蒂尔德借到项链后的狂喜和忘情，接着写她还项链的慌乱和煎熬，却在她还清债务时点明借来的项链是假的，结尾处忽起波澜，似是出乎意料，但又在情理之中。这一结尾无疑是对玛蒂尔德虚荣心的深刻讽刺：为了廉价的虚荣心葬送了自己十年的青春。代价是巨大的，教训是惨痛的，引发读者深思，很有教育意义。通过对这个精炼而又耐人寻味的结尾的分析，既启迪学生感悟深刻的人生哲理，又能体会到文章情节一波三折的艺术力量。

又如《祝福》一文，文章第一部分用倒叙的写法先交代了祥林嫂在富人们热闹的"祝福"声中寂然死去的结局，而后写我对祥林嫂悲惨一生的回忆，这个结构也是别有深意的。文章把"祝福"作为一个时间标志，把祥林嫂的人生悲剧串连了起来，将富人的"福"与穷人的死两相对照，从而深化小说的主题，深刻揭示了"朱门酒肉臭，路有冻死骨"的黑暗社会现实，猛烈地抨击了封建社会吃人的本质。通过这个倒叙写作的分析，可以使学生进一步理解作品的主题，认识那个"吃人"的旧社会的罪恶，并体会到鲁迅小说独特的叙述视角和无与伦比的表现力。

2. 主题的概括

课文的主题是进行课程思政的重要元素，主题的概括过程实际上是语文学习、思维训练与课程思政结合的过程。特别是那些思想内容深刻的课文尤其需要概括。例如《咬文嚼字》一课，课文揭示的是"对文学作品的语言必须有一字不肯放松的严谨态度，只有这样才能逐渐达到艺术的完美"这一主题，作者在这里是贬词褒用。这就需要我们进行概括。又如《不求甚解》反对"死读或抠字句而忽视精神实质"，《画里阴晴》提倡"艺术在于创新"，等等。这都需要教师在语言文字的讲解中进行画龙点睛地概括。

3. 情感的概括

在语文教学中，对学生情感的调动是通过对语言文字的深入理解进行的，学生情感的抒发是思政元素概括的结果。例如《合欢树》中史铁生用质朴平实的语言谱写了一曲感人肺腑的追忆母爱之歌。款款文字渗透着对母亲去世的悲伤之情，跳动着对母亲的真切怀念之心。亦母亦子合欢树，一枝一叶总关情。通过这样的概括，便于指导学生带着这种情感读课文，并在读课文中体会这种情感，从中受到教育。情感的概括在指导朗读、引导联想等时候常常用到。

（三）准确性原则

在语文教学中，能否进行成功的课程思政，首先取决于对教材思政元素把握的准确性。因此，我们必须深钻教材，充分发挥教材思政元素的作用。

1. 把握教材思政元素要准确

教材是我们进行语文教学的凭借，在正确进行知识传授的同时，必须把握其思政元素的正确性。例如，我们在教《荷塘月色》《故都的秋》《世间最美的坟墓》这类描绘自然风光的课文时，如果只是让学生了解这些景物景色的"优美"，这就没有准确把握课文的思政元素。在讲授《荷塘月色时》，可进行以"寻觅心中圣地，品鉴荷塘美景"为主题的新授课，依托"月下荷塘""塘上月色"的景物赏析，借助"荷""月"意象的特殊内涵，引导学生分析朱自清先生不满现实、渴望自由，想超脱现实而又不能的复杂的思想感情，感悟朱自清先生由"狷者"变为民主斗士，由"为人生"走向"为人民"的复杂心理历程，从而引导学生在迷茫徘徊时坚持自己的选择，坚定"青年有为，热爱有光"的从平凡小事做起的理想信念。这样来把握思政元素就比较准确了。

2. 引导学生的认识要准确

中职生对事物的认识还处于比较粗浅的表面并不完整，这就需要教师加以正确地引导，使学生在语文学习中受到准确深刻的思想政治教育。例如，在学习莫泊桑的《项链》一课时，当讲到"是什么造成了玛蒂尔德的悲剧命运"，学生大多有性格决定命运的常识，答案聚焦在对玛蒂尔德人物性格的分析上，而不懂得从社会层面思考这个问题。这时就需要教师及时加以引导，引导学生发现社会的贫富差距，引导学生认识社会环境对人物性格的影响。把学生从认识的偏差中拉回来，在加深认识中受到准确的教育：虚荣的性格是玛蒂尔德悲剧命运的内因，而贫富差距悬殊、金钱权力至上的社会现实，构成了其悲剧命运的外因。

3. 联系实际要准确

中职语文教材中的许多思政元素与学生的生活实际有着密切的联系，在教学中，我们把思政元素与学生的实际有机地联系起来，使学生受到行为习惯的指导和潜移默化的教育是十分必要的。如果我们不能准确地联系实际，一味牵强附会、穿鞋戴帽，就不会收到好的效果。例如把《画里阴晴》说成西方美学与东方美学的对立，说《再别康桥》时大讲特讲徐志摩与林徽因的往事等，这都是联系实际不准确的表现。中职生在学了《读书人是幸福人》一课后，懂得读书学习的重要性，这必然与"知识改变命运"的学生实际联系了起来，并不需要教师另外点缀，更不需要学生的对照检讨，这样联系实际才自然准确。

（四）特殊性原则

在中职语文教学中进行课程思政还要考虑到中职生的特点。由于中职生接受能力的限制，教学中，思政元素的处理便呈现出它的特殊性。

1. 中职生思维方式的特殊

中职生对事物的认识以形象思维为主，这就决定了语文教学中课程思政方式的特殊性。例如《天路》一课，我们可以通过听、读、悟、唱等手段，给学生创设一个良好的情景，引导学生将自己动手搜集到的资料和文后的"学习链接"有机地结合在一起，以此悟出《天路》表达青藏铁路修成后藏族同胞的欢欣鼓舞之情，而不是用下定义、讲道理的方式让学生去记住这些概念。又如在《人生的境界》教学中，其中所包含的哲学观点具有一定的理解难度，教师可借助多媒体设备将文章结构和脉络清晰地展示给学生。学生以结构化的视角理解作者所表达的人生境界含义，再借以网络教学资源拓展学生对人生境界的哲学认知，加深理解课文中的思政内容。

2. 中职生专业需求的特殊

不同专业的学生在未来就业方向、所需培育的思维方式及可能遇到的突出问题等方面会存在较大不同，因此不同专业课程思政元素挖掘的重点亦不同。例如对于农学类专业的学生，教师要在课程教学中加强生态文明教育，引导学生树立和践行绿水青山就是金山银山的理念；要把"耕读教育"元素有机融入课程教学，增强学生"爱农、强农、兴农"的责任感和使命感。而对于工科类专业学生，教师要在课程教学中把马克思主义立场观点方法的教育与科学精神、工匠精神的培养结合起来，提高学生正确认识问题、分析问题和解决问题的能力，培养学生精益求精的工匠精神和勇攀高峰的科学精神。

（五）训练性原则

语文教学是一种综合性的训练活动，听说读写训练中往往包含着世界观、人生观、价值观、历史观的教育，是语文课程思政最重要的载体。课堂教学要使学生听出"道"，说出"德"，读出"情"，写出"理"，关键在训练。

要训练，必须选准训练点。《念奴娇·赤壁怀古》一词有这样一句话："遥想公瑾当年，小乔初嫁了。"这是苏轼塑造周瑜形象的一句话。一位教师在教学中紧紧抓住这句话展开层层重敲。

生1：小乔初嫁了，是说小乔刚刚嫁给周瑜，可是我查过资料赤壁之战时周瑜已经34岁了，这时候他们都结婚10多年，怎么能说是"初嫁"？

生2：难道苏轼把周瑜年龄搞错了？

生3：还有这里"羽扇纶巾"这不是诸葛亮的装束吗？难道又搞错了？

生4：不可能，苏轼可是大文豪，学贯古今，肯定不会搞错的。

生5：老师，这是怎么回事呢？

师：这几个问题问得好。课前也有很多同学有同样的疑问。作者为什么要把小乔初嫁的时间嫁接赤壁之战时呢？我们知道江山美人，向来是英雄的标配，"小乔初嫁"主要要表现周瑜的什么？（年轻、春风得意），所谓"英雄美人、相得益彰"，用美人衬托英雄，不仅衬托出周瑜年轻有为、英俊潇洒，而且还表现出周瑜志得意满、地位特殊。王尔德说过，在艺术中只有美丑而无所谓对错，按照这个思路，你们思考"羽扇纶巾"是怎么回事呢？

生：我知道了，作者把"羽扇纶巾"转借给周瑜，是为了给武将周瑜以儒将风度，让武将周瑜更添儒雅，更显指挥若定、风流潇洒。

师：所谓"文韬武略、儒雅潇洒"，这里作者故意用"错位"极力渲染周瑜，映照着自己的"早生华发"、被贬黄州、坎坷潦倒。更见伤感，更显愤慨！是不是这样呀？

从这个教学片断中我们不难看出，教师在课文重点词句上的提炼真可谓是煞费苦心。他不仅引导学生理解字面意思，还引导学生体会句子背后隐藏的更深刻的含义。特别是借错位引导学生发现语言文字绝不是一维的表层含义，而是多维的交互补充，凸显文学的无穷意蕴，既达到知识学习与能力提升目标，也让学生真正领略到了古诗词的魅力。

（六）感染性原则

"诗言志，文表情"，文章是要有感情有温度的。古今中外，凡是有所建树的文学作品，无一不是作者人生追求的具体表达，无一不是作者审美情趣的集中体现，无一不是作者独具匠心的思维载体。文章中的"情"，决定了语文教学应当突出情感性。语文课程思政应当积极创设情感的氛围，通过情感的交流去触动学生的心灵。

1. 范读激情

语文教材中有许多文质兼美的好课文，如果教师能在教学中饱含感情进入角色，给学生以示范性的朗读，更能让学生如同亲耳听到橘子洲头"指点江山，激扬文字"的豪情志气，听到木棉树下"男女平等、真爱至上"的爱情独白；听到台儿庄姑娘们欢乐的呐喊；听到雨巷深处悠长又寂寥的叹息声，做到"以情传情"。那么，真挚浓烈的情感将产生动人心弦的魅力，字词就再也不是枯燥的文字符号了。如《离太阳最近的树》一课，作者以平静而深沉的笔调为我们真实地描述了三十年前人们破坏环境的行为，表达了热爱自然、珍爱生命的感情和对保护生存环境的忧患意识。一位教师在教学中选取了描写红柳外形的一段，进行范读。教师读得美，学生听得美。于是，学生对红柳顽强生命力的钦佩，就在款款深情的朗读里，在师生通情达理的交流中，在学生的心底喷薄而出了。这是不仅在教语文，更是在歌颂生命。

2. 点拨升华

中职年龄大都在15～16岁之间，年龄还比较小，生活经验少，社会阅历浅，对社会的认识感受也就不深，他们很难理解课文中那些较为含蓄的艺术表现手法。如抽象的人生哲理，深刻的主题思想，矛盾的人物性格，别有深意的结尾，欲擒故纵的谋篇布局等。而这些又正是作者抒情言志的重要手段，也是我们进行课程思政的触发点。因此，教师恰当点拨是十分必要的。如《念奴娇·赤壁怀古》一词有这样一个句子："大江东去浪淘尽，千古风流人物。"作者写"大江"的目的是什么？学生只能说："写景的目的是为抒情，也是为写人。"这个回答显然是不够深度的；如果教师再问，学生也很难有所突破。这时一位教师饱含深情地点拨："大江东去，浪淘尽，千古风流人物。"作者面对波涛滚滚的江水发出感慨，将浩荡江流与千古人事并收笔下，把读者带到千古兴亡的历史氛围之中，为整首词铺垫了雄奇的底色。接下来作者又浓墨重笔描写赤壁雄奇景，陡峭的石壁直插天空，让人惊骇的浪涛拍击着江岸，激起千万堆雪一样的浪花！此等景物何其雄奇，何等壮美！这样美丽的江山，如诗如画，自然要引来无数逐鹿天下的群雄了……诚如毛主席所说

"江山如此多娇，引无数英雄竞折腰"。凝练的点拨可以拨开学生思维的迷雾，使学生的认识"更上一层楼"，学生对词人的崇敬心情也就会油然而生。

3. 补充深化

都说语文的外延就是生活的外延，丰富多彩的生活决定了语文教学的多样性和开阔性。诸如作品作家的简介、时代背景的补充、相关知识的拓展，都给语文课程思政提供了广阔的空间和丰富的资源，教师应当因势利导，深入钻研教材，精心设计。如一位教师在教《像山那样思考》课文时，设计了一个十分精彩的结尾。教师先展示图片，画面内容为：一个椭圆形的蛋，上面印有各大洲的地形框架。（代表着地球）令人触目惊心的是上面已经有了几道深深的裂痕，旁边写着"脆弱的地球"。而后教师语重心长地说："自私的人类，在付出了生态环境不断恶化的代价后，换取了所谓的物质文明的进步，却留下了一个伤痕累累的地球。通过这节课的学习，我们对于开篇时图片留给我们的疑问，可以说已是不解自破。这就要求我们自觉地树立起生态保护意识，树立起平等对待一切的思想，学会像山那样去思考，使这原本已很脆弱的伤痕累累的地球，不要再继续受到伤害。"这一课在教师充饱含深情的结语中结束了，然而在学生心灵上都深深地打下了"人类只有具有生命意识、生态意识和正确的发展意识，才可能创造一个美好的家园"这样的烙印。

（七）发展性原则

"问渠哪得清如许，为有源头活水来"，社会在不断发展变化，新的思想观念和价值观念也随之出现。为了使学生的思维"清如许"，我们语文教师就应当贯彻发展性原则，与时俱进，紧密关注新时代的核心价值观、新兴课题和热点问题，引入多元文化和国际化视野，应用新技术手段和教学方法，不断更新教材和资源。这样才能确保课程思政的有效性、针对性，更好地满足学生的需求，培养他们适应时代发展要求的思想品质和能力。譬如，可以在课堂上朗读新材料，让学生获取新信息，通过促进思维的增强而提升对新材料的认识；也可以从报刊上选印一些观点新颖、信息丰富、组合精巧的材料，让学生阅读思考，既把新信息传输给了学生，又启发了学生的思维，进而激发了学生的情感火花。

　　为了使语文教学中的思想教育具有真正的效果（包括后效），更为重要的是还应该让学生在更广阔的课外阅读与写作中，在广泛的社会接触中适当地经受思想冲击，接受较复杂的挑战。如，中职语文教材中反映的事物形象与感情认识一般都是崇高的、光明的、进步的、健康的，但是学生在大量的开放与自主的阅读中，在影视信息中，在写作观察中，在参加社会活动实践中，不可避免地会遇到落后的、阴暗的、不健康的因素，而且社会上的某些不良现象恰如"美丽的魔鬼花"对青少年颇具迷惑力与诱惑力。于是，学生便面临着两个世界：一个课文和教师描述的理想世界，一个是生活中接触到的现实世界。这两个世界在不少地方存在着一定的反差。但中职生的是非观念不够成熟，辨别能力较差，心理又较脆弱，因而应该在适当的时机，以适当的内容，用适当的方法，让他们有一点思想上的准备，增强"免疫力"。社会是在不断地发展变化的。在中职语文教学中，我们应该在把握科学规律的基础上，根据现实与发展的需要不断变革我们教育的内容、观念与方法，让我们的学生能适应社会发展的需要。

二、中职语文课程思政应注意的问题

　　在语文教学中进行课程思政育人，是一条历史性的规律，也是一个永恒的主题，当今，更应得到强化。语文教学思想政治育人基本特点是：渗透滋润，潜移默化，熏陶感染，水乳交融。为此，我们在语文德育中应注意以下六个问题。

（一）架空分析

　　所谓"架空分析"，就是弃置课文于一旁，不是从语言文字内容中去开掘丰富的思想蕴含，而是从课文中抽出一些政治道理空讲一番，去直接灌输。如一位教师教学《国家的儿子》，既不去剖析关键词语，也不去锤打重点句子，而是离文说教，左一个"不负党和人民的重托"，右一个"以身殉职的高尚情操"。如此"贴标签"式的教学，使思想政治教育游离于课文训练过程之外，失去了生动形象的感染性，显得苍白无力。

文章的精髓离不开字词句篇的表达，教学中如果离开语言文字去讲析思想内容，文章精髓必然会失去光泽。因此，在语文教学中，就要引导学生重锤敲打那些言简意赅、言简意深、言简意丰的关键词句，使其中饱含的思想内蕴溅出耀眼的火花，照亮学生的心灵。《国家的儿子》有这样一句话：500米……200米……100米……当离医院不到 50 米时，罗阳喘不过气来，昏厥了过去……小王从车上跑下，声嘶力竭地喊着："医生……医生……"这里作者刻意用数字的递减表示离医院越来越近了，传达出希望罗阳能坚持住的心愿，但不到 50 米时罗阳昏厥了，暗示出了人们心中的不情愿和遗憾；后面从司机下车的动作、声嘶力竭的呼喊写出了司机的急迫心情和希望医生抓紧救治罗阳的渴盼，场景真实感人，催人泪下。罗阳同志的敬业、坚守，将国家发展内化为个人使命的品格感动了中国，成为最受公众敬佩的精神品质。这样分析才能让学生明白作者用词的生动形象，又在思想上受到深刻的教育和感染。

（二）穿靴戴帽

新课伊始先打一个简短的政治小段，课已尽再拖一个冗长的政治尾巴，是语文教学穿靴戴帽的主要表现。如一位教师教学《"探界者"钟扬》，她在导言中说："我们学习这篇课文，就是要学习'时代楷模'钟扬同志任劳任怨、无私奉献的精神。"讲课将要结束时，她又让学生分组讨论，讨论题是：你们向钟扬学习什么？怎样学习？并且让每人写一份决心书。我们说，这不是语文课，而是政治课，因为它没有体现文道统一的特点，学生必然学而生厌。

语文课的思想政治教育应该以文引道，因道入文，悟道立身。教师要运用课文佳作中所包含的真挚感情叩击学生的心弦，激起他们感情上的共鸣，使他们心中或泛起涟漪，或掀起波涛，从而达到学生与作者心与心的撞击，情与情的交融。比如教学《我爱你，中国》，首先运用视频、VR 或配乐朗诵将学生带入百灵鸟凌空俯瞰大地而引吭高歌的艺术境界，然后师生共同品味祖国大好河山的壮丽画卷，使"我爱你，中国"的主题思想不断深化，内化为"为祖国有这样的大好河山而自豪"的激情，爱美之情得到升华，成为爱国之情。

（三）生硬联系

在语文教学中，为了实现教学目的，有时候要联系社会实际、历史实际以及学生的思想认识、学习生活各方面的实际，这是培养学生智能的有效方法。但是，这种联系应是课文内容的必要联系，合理引申，而不是勉强的、外加的。特别是有些课文——如游记、说明文之类，只要稍微多讲几句题外之话，就会有生拉硬扯、画蛇添足之嫌。如果为了体现"课程思政"，而去刻意寻找可以政治说教之处，其结果往往会弄巧成拙，适得其反。

语文教学联系实际目的在于提高学生的思想觉悟，从而形成巩固的道德行为。这种联系要适可而止，要亲切自然，使学生乐于接受。如教学《读书人是幸福人》，我们可以指导学生进行一次具有一定深度的阅读活动，开阔其视野，增长其知识，陶冶其情操，充实其文化底蕴，提高其综合素质。

（四）人为拔高

对一般描写自然风光、生活情趣的文章，望文生义，穿凿附会，无限上纲；对当代人物的评价溢美、溢恶绝对化，不能给予实事求是的分析；对历史人物、历史事件的评论违背历史唯物主义观点，往往用今天的标准苛求古人。仅举一例：铁凝的《哦，香雪》描写的是香雪们天真烂漫、活泼向上的纯美形象，再现了山里姑娘的自爱自尊和她们对文明的追求，给人以生命美的启迪。教学中应该让学生去体会小说折射出的时代信息以及人们渴望摆脱贫穷走向文明的迫切心愿，学习文中主人公香雪的淳朴、自尊、执着与坚毅的品质。但不少教师总喜欢用"改革开放是出路""朴素才是美"等空洞的概念去拔高，反倒引起学生的反感，达不到教育的目的。

当然，对那些借物喻人、借景明理，具有象征意义的哲理诗应另当别论，如《致橡树》《我愿意是急流》《雨巷》等。教学哲理诗一方面要带领学生进入作品的优美意境，领略无限佳妙的风光；另一方面还要调动学生的生活经验和知识储备，适当阐发，讲清哲理所在。这样，高尚的情感能得到浸润，深刻的理念能得到渗透，使学生受到启迪和鼓舞。

（五）零敲碎打

这是指教师不注意强化整体，没有将学生长期地、连续地置于优化的教育网络之中。这种零散的教育，不利于学生思想政治品德的形成。

教育应该以单元乃至全册及整个中职阶段的德育目标为单位，建构体系。在挖掘教材的教育因素时找相关课文的"通点"，做到前后呼应，经常强化。这一次的教育应是上一次教育的继续和提高，并为下一次教育做好铺垫。在零散中求集中，在无序中求有序，才会形成一个比较完整的思想教育网络。依据《中等职业学校语文课程标准》（2020 年版），立足立德树人的根本使命和学生的职业发展，采用专题理念整合教学内容，运用大单元理念设计表达与交流模块和综合实践模块，可将原教材整合为 8 个教学专题。其中阅读与欣赏 6 个专题，每个专题对应一个思政核心元素；表达与交流包含口语交际和写作实践两个版块，其中口语交际契合教育专业特点设计，着力职业素养的培育；写作实践采用"爱国情、强国志、报国行"主题征文任务驱动完成记叙文选材组材、写景状物、人物描写和说明文之特征和顺序、说明方法的训练任务，在写作实践中厚植爱国主义情怀；综合实践模块按照"活动主题"的思政策略，分别以人与学科专业、人与自然、人与社会他人、人与国家民族、人与世界的关系确定活动主题。

（六）情感不浓

这是指教师冷漠地站在课文外分析，未引导学生循文入情。这有悖于语文学科的特点，也不符合思政教育规律。

别林斯基说："感性是先于知识的，谁没有道德的感情，谁就不懂得道德。"中职语文教材为我们展示了丰富多彩的情感世界。从学生思想品德形成来说，晓之以理，需要动之以情，教育性的发挥需要有情感来推动。首先教师要充满感情。如在《国家的儿子》一课的教学中，教师应神情肃穆、充满激情，然后利用哀乐、挂图等媒体激发学生的情感，把学生带入课文的情境中去，使之受到教育。其次应激发学生的情感体验，让学生进入角色，移位动情。如老舍先生对母亲的无限敬爱和无以报答母亲恩情的愧疚之情，士兵们"不抛弃，不放弃"的信念等，都需要学生动用旧有的生活体验、情绪记忆来深入理解，否则，就掀不起学生的情感波涛，达不到教育的目的。

（七）方法陈旧

这是指教师过于依赖传统的讲授式教学方式，只使用一种或有限的教学手段，如纯文字讲解、黑板写作等，而忽视了其他多样化和创新的教学手段。这种单一的教学方式难以满足不同学生的学习需求和兴趣，可能导致部分学生的学习效果不理想。解决教学方法陈旧的问题需要教师不断更新自己的教学观念和方法，并积极利用各种资源进行创新和改进。

进行教学方法的评估和反思：教师应该对自己的教学方法进行评估和反思，了解哪些方法已经过时，不再适应当代学生的需求和学习方式。这可以通过观察学生的反应、收集学生的反馈和进行教学日志等方式来实现。

参与专业发展和培训：教师可以积极参与专业发展和培训活动，了解最新的教育理论和研究成果，学习和掌握新的教学方法和教学技能。这可以通过参加教育研讨会、工作坊、在线课程和专业社群等途径来实现。

探索创新教学方法：教师可以积极探索和尝试新的教学方法和教学技术，如项目学习、合作学习、信息技术辅助教学等。这些方法可以更好地激发学生的学习兴趣和积极性，提高他们的参与度和学习成果。

教学资源的更新和拓展：教师可以寻找和利用最新的教学资源，包括教科书、教学软件、多媒体教具、在线教育平台等。这些资源可以为教师提供更多的教学方式和工具，丰富教学内容，满足学生的多样化学习需求。

鼓励学生参与和合作：教师可以鼓励学生积极参与到教学过程中，通过小组讨论、项目合作、角色扮演等方式，激发学生的合作和创造力。这样可以使教学更加活跃和互动，提高学生的学习效果。

与同行交流和分享经验：教师可以积极与同行进行交流，分享教学经验和方法，互相借鉴和学习。可以通过教研活动、教学观摩、教学交流会等方式来促进教师间的交流和合作。

第三章

中职语文课程思政的途径与方法

语文课程思政主要是根据语文教育的特点和规律，通过阅读、写作、听说等活动来进行。

一、阅读训练中的课程思政

阅读训练中的课程思政，其凭借主要是课文。教师讲好课文，学生弄通课文，是语文课程思政的重要途径之一。

（一）词语理解中的课程思政

阅读训练过程中，教师抓住课文中的关键性词语，有层次地剖析，是帮助学生掌握课文的一种方法，也是对学生进行语文课程思政的有效途径。因为关键性词语，尤其是"文眼"，思想深刻，语言凝练，最能体现课文的思想。例如老舍先生《我的母亲》里有这样一句：

> 在我的记忆中，她的手终年是鲜红微肿的。白天，她洗衣服，洗一两大绿瓦盆。她作事永远丝毫也不敷衍，就是屠户们送来的黑如铁的布袜，她也给洗得雪白。

老舍先生是世人公认的语言艺术大师，他的作品语言通俗易懂且耐人寻味。这段文字写母亲通过自己的双手承担起养家的重担，要突出的是母亲的勤劳。此处作者用"鲜红微肿"四个字描写母亲的手，让读者眼前立刻浮现出这样的情景：寒冷的冬天，母亲双手浸泡在冷水中被冻得通红，旁边是堆成山的脏衣服，仿佛永远也洗不完……尽管这样她一点也不敷衍，屠户们"黑"得像铁一样的布袜，她也给洗得像雪一样"白"。这不仅使作者对母亲的赞颂跃然纸上，而且突出了学习的内容和做像母亲一样勤劳认真的人。读起来质朴无华，却娓娓动人，给读者以深刻的感染。把这个白描句和全文联系起来，使学生受到感染和教育，真正体会到舐犊情深。

语言是思想的直接表现。课文中的词语必然反映一定的思想，蕴含某种感情。这是向学生进行语文课程思政的客观基础，因此，语文课程思政要抓课文关键性词语进行德育。

（二）段落分析中的课程思政

段落是课文结构的基本单位，相对地表达一个完整的内容。它同上下文既有区别又有联系，关键性段落最能揭示课文思想，表达课文主旨。阅读训练时讲清讲透课文的关键性段落，对学生掌握课文有重要作用，这是对学生进行语文德育的有效方法。还是以老舍先生《我的母亲》为例：

> 生命是母亲给我的。我之能长大成人，是母亲的血汗灌养的。我之所以能成为一个不十分坏的人，是母亲感化的。我的性格，习惯，是母亲传给的。她一世未曾享过一天福，临死还吃的是粗粮。唉！还说什么呢？心痛！心痛！

这段文字主要是对于母亲养育之恩、言传身教的感怀以及自己未能让母亲享福这件事带来的心痛与遗憾。最深刻的感情往往隐藏在最平实的语言里。学习这段文字时，要引导学生挖掘老舍先生含蓄、内敛的语言外衣下汹涌澎湃着的情感暗流，体悟老舍先生"子欲养而亲不待"的追悔内疚之情，从而激起学生对父母养育教诲之恩的感激，并以实际行动回馈父母的辛勤付出。教师在抓住这一关键段落进行语言教育的同时，也使学生受到了思想教育。

（三）主题思想感悟中的课程思政

对课文思想内容的归纳与概括，明确课文所表达的主旨，这个过程本身就是进行语文德育的过程。主题思想的概括，要提纲挈领，简明扼要，抓住主旨。阐释主题思想，自然要联系实际，联系形势任务，联系学生思想。但这种联系应是画龙点睛、点到为止，注意潜移默化。如泛泛而论、空洞说教，其效果往往适得其反，易引起学生的逆反心理，达不到预定的效果。《窦娥冤》这篇课文，写得十分感人。学生在阅读过程中必然感受到封建社会底层劳动人民的冤屈。但是，"感觉到了的东西，我们不能立刻理解它，只有理解了的东西才更深刻地感觉它。感觉只解决现象问题，理解才解决本质问题"。因此，只有抓住课文主题思想的归纳与概括，才能使学生更深刻地理解课文的内容，使学生从理性上认识到封建社会颠倒黑白的黑暗现实，认识到"一个满脑子孝道、贞节等伦理观念的善良女子被一个大力提倡孝道、贞节的社会所迫害致死"，这才是窦娥遭到现实无情打击的根本所在，是戏曲的悲剧魅力所在。

再如《六国论》，作者深刻总结了六国灭亡的历史原因："弊在赂秦"而力亏，导致破灭；不赂者也因赂者丧，失去强援，不能独完，必然破戈。作者写作目的在于讽谏宋王朝要以六国为鉴，不为辽和西夏积威所动，一味纳币输绢以求苟安。而要封天下之谋臣，礼天下之奇才，奋起抵御外敌。历史是现实的，历史是现实的一面镜子。

在今天看来，课文所总结的历史经验仍有借鉴意义。从古今对比中，可以看出我国确定的独立自主、自力更生的方针是完全正确的，我们决不依附于外国，对国际反动势力必须坚决斗争，要讲国格，讲民族精神。《六国论》给予学生的启示和教育是重要的。

（四）单元训练中共通性课题的课程思政

语文课本是按照语文教育的目标、要求，按照语文教育的特点和规律编排的。各册单元的布局、安排，就其思想内容而言并非都有严密的逻体系，有的单元，思想内容可比性不强。但有些单元课文内容有联系，有一定的可比性。因此，在单元训练过程中，要从课文内容相互联系出发，抓住共通性课题进行思政教育。

1. 引导学生思考时代背景与核心价值观

课题通常涉及当代社会的重要议题和核心价值观。教师可以通过引导学生了解和分析这些课题背后的时代背景、社会问题和核心价值观，让学生明确其中的思想意义和社会影响。

2. 分析相关文本和资源

共通性课题往往涉及丰富的文本和资源，如文学作品、历史事件、社会调研数据等。教师可以引导学生阅读相关文本、观看相关视频、听取专家讲解等，以此为基础展开讨论和分析，帮助学生理解课题的多维度和复杂性。

3. 激发学生的思辨能力和批判思维

共通性课题往往存在不同的观点和立场。教师可以组织学生进行小组讨论、辩论或写作，鼓励学生就不同的观点展开思辨和批判，培养学生的思辨能力和辩证思维，使他们能够理性认识和评价课题。

4. 培养学生的问题意识和社会责任感

通过共通性课题的学习，教师可以引导学生深入思考社会问题和个人的社会责任。通过案例分析、情景模拟、角色扮演等活动，激发学生对问题的敏感性和关注度，培养他们的社会责任感和主动参与社会的意识。

5. 实践与行动

通过组织学生参与实践活动，将共通性课题与现实生活相结合。如组织社区调研、参观学习、社会实践等，让学生亲身体验和感悟课题背后的现实问题，促使他们从实践中深刻认识和思考。

6. 反思评价与个案分析

在共通性课题学习结束后，教师可以组织学生进行反思评价和个案分析，引导学生回顾学习过程中的思考和成长，提升个人价值观和社会责任意识。

通过以上方法，教师可以在单元训练中将共通性课题与课程思政有机结合，培养学生的思想道德素养和社会责任感，促进学生全面发展。

（五）答疑解惑中的课程思政

阅读训练中，学生会经常提出各种疑难问题。特别是有关课文思想内容的问题。这就要求教师不失时机地、有的放矢地予以答疑解惑，使学生在思想上受到启迪和教益。

例如，学习《过秦论》，有的学生提出这样的问题：贾谊总结秦国灭亡历史原因是"仁义不施而攻守之势异也"，这是否意味着封建统治者只要以"仁政"，而不施以"暴政"，其统治就可以维持下去？显然问题属历史学范畴，但是课文涉及的重要问题，教师不能回避，要抓住时机，因势利导，予以回答，给以教育。教师这里应讲明两点：其一，秦始皇统一天下，国势强盛到了极点，但暴虐也达到了极点，必然导致灭亡，这是历史的辩证法。其二，封建统治者实施某些"仁政"，是为了巩固其统治，实施"暴政"，也是为了维持其统治。手段虽各异，而目的是一个，这是其阶级本质决定的。历史发展是有规律的。教师这样解释，要言不烦，可以增进学生的阶级观点，学会阶级分析的方法，从而使思想政治水平得到提高。

阅读训练中进行德育，其途径和方法多种多样，除上述介绍的几种途径方法外，还可以通过课文题解、作者介绍、背景交代、字词解释、课堂训练等多种渠道进行。但阅读训练的课程思政，决不能离开课文另讲一套，而只能通过课文来进行。有的教师在讲授《廉颇蔺相如列传》时，引导学生思考：相如之所以能够"一奋其气，威信（伸）敌国；退而让颇，名重山"，就是处处以国家为重。为了保全赵国的国宝，他可以廷叱秦王，为了维护赵国的尊严，他不惜"以颈血溅大王"，迫使秦王击缶；了维护国内的团结，他又情愿一再对廉颇忍让。他那"吾所以为此者，国家之急而后私仇也"的名言，虽是就"让颇"一事作说明，其实"先国家之急"也是"完璧归赵""渑池之会"获得成功的思想基础，这正是他的爱国主义思想的表现。尽管蔺相如"先国家之急"的内涵和我们今天讲的爱国主义的内涵有所不同，但未尝不可以借鉴。封建士大夫尚能如此，我们社会主义的青少年学生又该如何呢？教师紧扣课文，从课文内容从发，喻之以理，动之以情，学生必定会从中受到教育。

（六）不同文体课程思政的侧重点

1. 说明类文体的科普教育

《中等职业学校语文教学标准（2020）》明确指出：中职阶段只要求学生"学习运用简明准确的语言，介绍比较复杂的事物，说明比较复杂的事理"。教授说明事物的特征、说明顺序、说明方法一直以来成为教师教学和学生学习的目标和准绳。由于说明文不同于其他文体，无法让教师和学生仅从文章内容中去充分自由地发挥主观感情，因而教师觉得没有多少内容可教，学生也觉得学着无兴趣。教、学、考三位一体只注重说明文体的工具性，而极少重视其中的思想性。说明文不同于其他文体，它必须以科学严谨的语言客观地说明事物，最终给人以知识，其中蕴含着丰富的科学内容、科学方法、科学原理、科学思想和科学精神，并不是没有思想性。

因此，教师很有必要改变教学观念。说明文体具有使用性、科学性和实效性，它很好地体现了语文教育是科学教育的时代特点。那教师就应当将文本中珍藏着的科学思想带领学生挖掘出来，"让学生作为一种宝贵的礼物来领受，而不是作为一种艰苦的任务去负担"。以至于激发学生"对于对象的诚挚的兴趣和追求真理与理解的愿望"。基于这一点，在说明文教学中，应努力开发学生的情感因素，注重文道合一，能在教学语文基础知识，也就是让学生在掌握阅读说明文时能了解说明事物的特征、说明顺序、说明方法的同时渗透科学思想。基础模块教学内容的编排适应了当前对学生进行科学思想教育的要求，成了推广科技知识的载体，我们应借助这些科技知识范文，借助古今的科技成果，把科技教育与人文教育有机地结合起来。

科普文章与科学精神：通过学习科普文章，引导学生了解科学知识和科学方法，培养他们对科学的兴趣和探索精神。同时，教师可以引导学生思考科学与社会的关系，了解科学技术对社会发展和人类生活的影响，培养正确的科学价值观和伦理意识。例如：《中秋月》这一课，这是一篇阐明事理的说明文。作者从科学角度对中秋的日期、中秋月的亮度、中秋月的大小、中秋月备受国人钟爱的原因等作出了客观而又别开生面的解释，目的是要纠正人们关于中秋月的一些不科学的认识，还原文人墨客笔下中秋月的真实面目。

为了使演讲更富有理趣，作者还将科学知识与文学情趣有机地融合在一起。在教学时，就不仅要使学生了解作者清晰的思路、灵活的说明方法、准确严密的语言表达，更重要的是让学生理解竺可桢作为一个科学家在科学研究中所形成的科学严谨的治学态度、科学救国的愿望以及不失任何时机地宣传科学知识的崇高精神。此时教师可乘机介绍竺可桢在气象学、气候学、地理学、物候学及自然科学史等方面的造诣，激发学生向竺可桢学习的心理要求和愿望，从而坚定学习科学文化、掌握科学本领的信心和决心，并在长期的学习中不断渗透这种教学思想，如春风化雨、细雨润物，内化为学生的一种心理素养。

实用手册与生活技能：通过学习实用手册的说明文，引导学生学习实际生活中的技能和知识，如烹饪、修理家电、保健等。在教学中，可以引导学生思考实用技能对个人生活和社会发展的重要性，培养学生的实用主义精神和责任担当意识。例如在讲授高教版中职语文职业模块第六单元的《应用文——说明书》时，可以引导学生关注不同领域的说明书，如安全说明书、环保说明书等，让学生认识到说明书与社会现实的紧密联系，理解说明书对社会的重要作用。也可以解读说明书的编写目的和背后的社会责任，培养学生对产品和服务质量的关注，强调企业和个人的责任意识，提醒学生在实际生活中更加注重安全、环保、诚信等方面的行为。

行业介绍与职业规划：通过学习行业介绍的说明文，引导学生了解不同行业的发展状况、就业前景和职业要求。教师可以引导学生分析职业发展与个人兴趣、价值观之间的关系，帮助他们进行职业规划，培养学生的就业能力和职业素养。例如高教版中职语文基础模块上册语文综合实践活动"了解专业、热爱专业、树立学习自信心的主题活动"，本课旨在帮助学生在学习过程中建立对于所学专业的全面了解和深入认知，并培养学生对专业的热爱和学习的自信心。教师在教学中通过实践环节和案例学习，引导学生将所学专业知识应用于实际问题解决中，培养学生的实践能力和创新意识，增强对专业的认同感和归属感，全面发展自己的专业素养，同时培养良好的职业道德和社会责任感，为个人的成长和社会发展贡献力量。

文化背景与审美意识培养：通过学习具有文化背景的说明文，如传统文化经典的解读、艺术作品的赏析等，引导学生了解和传承优秀的传统文化，培养他们的文化自信心和审美意识。教师可以引导学生分析说明文中所展示的文化内涵和艺术形式，提升学生的文化素养和美育能力。例如高教版中职语文拓展模块"中国画与西洋画"的教学中，老师播放相关的艺术视频片段，展示中国画和西洋画的典型代表作品；引导学生观看视频，并对作品的艺术表现形式、主题和表达方式进行分析和讨论。在探讨中国画和西洋画的艺术特点时，引导学生培养艺术鉴赏能力和审美情趣。通过欣赏画作，启发学生对美的感知和表达，培养品味艺术的能力，并将这些美的体验与情感、道德等方面进行关联。

说明文由于它是介绍知识的，知识是来不得半点虚构和夸张的，这就决定了说明语言的科学、严谨、平实，教师讲起来和学生学起来就比其他文体缺少激情，显得此类文体教和学的枯燥无味，不免只注重它的工具性而忽略它的人文性。而我们培养学生最终要走向社会，语言是形式，而生活则是内容，因此教授说明文就必须要引导学生挖掘内在的科学思想因素，培养学生的创新思维。

2. 叙述类文体的情感教育

情感系统在学生的主体结构中占重要地位。它的功能主要是承担对学习行为的启动、调节、维持、定向的任务。因此，我们在教育过程中如能很好把握学生的情感系统，就能较为顺利地把握和创造教育学生的契机，掌握教育学生的主动权，实现既定目标的教学和教育，从而提高受教育者的素质修养，完善其信念情操。

中职生的情感有什么特征呢？他们随着生理机制的变化，教育的要求等诸多因素的影响，他们的情感发展也有新的特点：

（1）易冲动，富朝气。他们容易动情，情绪高亢强烈，情感丰富，喜怒哀乐溢于言表，充分显示了初生牛犊的天真活泼和虎虎生气。

（2）情感的对抗性明显。由于青春发育期性腺功能明显，性激素的分泌物会通过反馈增强下丘脑部位的兴奋性，使下丘脑神经过程总趋势表现出兴奋，与大脑皮质原有的调节、控制能力发生矛盾，使脑皮质与皮下中枢暂时失去平衡，这是中职生情感对抗性明显的生理原因。另外，中职生各种需要日益增长，但他们对这些需要的合理性的认识水平却不高，于是就产生了主观需求与客观现实的矛盾。他们的个体需要或得到社会认可而获得满足，或受到否定而难以实现，因此，就导致学生的强烈情感的复杂性和不确定性。

（4）情感的日益丰富和深刻。中职生情感内容已日渐丰富和深刻，友谊感、集体感、爱国感正日益加深。根据学生情感系统的特点，语文老师在教学中应不断调动起他们情感中的热情，把握住他们情感的对抗性，有意识地引导学生的情感向社会性高级情感过渡，使学生的情感日趋健全以致完善。因此，应因情施教，具体做法是：

第一，巧设情境，激发情感。

学生的情感易冲动，自然也就不够稳定，内外因的影响有时会导致学习情绪低落。在教学中教师如能相机而动，巧设情境，让学生置身于教师精心设计的情境"圈套"里，定能收到出奇制胜的功效。如有一位老师，在计划讲新课《做个唐朝少年郎》时，走进教室却发现学生神情倦怠，有的趴在桌子上，有的耷拉着脑袋，对上课铃声无动于衷。面对此情景，这位教师作了这样的开场白："这节课我暂时不想讲课文，我想让大家畅所欲言，说说如果可以穿越，你们最想去哪个朝代。"同学们听后先是一愣，继而情绪骚动起来，跃跃欲试。这位老师则微笑着用期待的目光注视着学生，稍过片刻，同学们纷纷各抒己见，情绪高涨，刚才的倦怠一扫而空。在同学们的发言兴犹未尽时，他抓住时机在黑板上写下课文标题《做个唐朝少年郎》，并说："同学们，请你们翻开课本，快速阅读潘向黎写的《做个唐朝少年郎》全文，看看文中所描写的唐朝符不符合你们心目中的理想朝代，你喜不喜欢唐朝？如喜欢，喜欢它什么？请写出来。"听了问题后，同学们开始认真阅读。老师极快地就势引导："作为新时代的女性，作者为什么想要做个唐朝的少年郎？根据何在？"学生们写出自己的意见："唐朝是历史上最强大，民族向心力最凝聚，也最具有国际威望的一个朝代……"学生们忙着翻书，并七嘴八舌地说出书中所记事件来印证自己的观点……本来昏昏欲睡的学生，不知不觉地钻进老师设计的情境"圈套"里，精神饱满地参与了听、说、读、写的综合训练，出色地完成了本节课的教学目标。用设置情境来刺激学生，使学生的消极情感向积极情感转化，在实践中是一种行之有效的教学方法，但使用此法应注意的是：设立情境要切合学生的实际生活，内容和形式要为学生喜闻乐见；设计角度要新颖，避免雷同；一种设计不能够在一个班级反复使用。

第二，抓住"热点"，激发情感。

班级是学生生活成长的小天地，班级活动常常能激发学生的热情，怎样抓住这种"情感效应"的热点，因势利导地进行语文教育呢？有一位语文教师说，他班的男生暗地组建了足球队，步调一致（除星期一升旗穿校服外）几乎天天统一穿足球衫，课下围在一起谈论的是梅西，甚至在过道里还要踢上几脚，个个俨然成了"国脚"。这个学期语文教学以议论文的读写为主，在一堂议论文写作训练课开始时，他提出这样一个话题："课余踢球会影响学习，必须禁止。"话音刚落，立即遭到全班男生的猛烈回击："不会影响学习。""不能剥夺我们的业余爱好！"……在群情激愤之时，这位教师用手势示意安静后巧妙地引入正题："你们人多势众声音杂，我喊不过也听不清，最好把你们的意见写出来，摆事实，讲道理，以理服人嘛！如果你们能有理有据说得我口服心服，课余踢球的事我可以重新考虑。"接着他写下了作文题目《课余我们要踢球》。学生们奋笔疾书，45分钟后将一篇篇论据翔实、说理充分的作文交到了办公室。

中职生的情感仍具有明显的对抗性，但随着生理、智力的变化，他们逐渐形成了许多新观念，情感中的是非观、喜恶观已具有明确的社会意义。教师如能敏感地注意到他们情感的热点，并进行恰如其分的把握，因势利导，就能调控学生的情感，帮助他们认识到控制不合理的需求的必要，从而巧妙地完成语文教学活动。

第三，设疑诱导，激发情感。

心理学认为，接受或注意是学习的第一步，也是必要的一步，老师想要学生学习各种教材，必须首先使学生准备接受或注意有关的信息。要使学生接受，必须具备"愿意接受"的条件，倘若不愿接受上课的内容，学习也就不可能发生。"愿意接受"意味着这个学生不仅意识到周围发生的事情，而且还愿意对它做更深入的考虑，指望得到更多的了解并怀着极大的兴趣真诚地期待着。而常规的教学模式往往很难刺激到学生的兴奋点，以唤起他们的注意。如果在教学中事情根据具体情境，巧设疑问，往往能激起学生"愿意接受"的情绪，增进学习的兴趣。例如，学习《窦娥冤》这篇文言文，按常规教学许多学生往往被文中大量的文言词句难得不想读下去，学得索然寡味。有个老师是这样设计的：

师：上节课我们通过活动任务和链接资源，自学完成了元杂剧常识的积累和《窦娥冤》故事情节的梳理，同学们给连环画的配字很精彩，提出表扬。本节课我们来探究《窦娥冤》的经典价值。老师想从中国汉字"冤"来引导大家思考、理解。大家看"冤"是什么意思？用你自己的话表述一下这个字的意思。

学生思考，回答。

师：同学说的都很好，但是要想全面而准确地把握一个字的意义，我推荐一本工具书，叫《说文解字》（教师展示给同学看）。现在我们就来看看《说文解字》中是怎样揭示"冤"字的？（PPT 展示）

冤，屈也。从兔，从"冖"（mì），覆盖也。字形像一个被罩起来的兔子，表现的是一只兔子被抓住、罩进一个容器里出不来的样子。

师：问题：古人造"冤"字时为何选择兔子而不是其他动物？

学生思考，回答。

师：为什么选择兔子？有两种解释。（PPT 展示）

其一：兔，性情温顺，却遭受压迫。这样造字丰富了"冤屈"的内涵。

其二："兔"意为"向上跳"。"冖"与"兔"联合起来表示不断向上顶起覆盖物，引申义为"内心不平"。

你认为哪种解释有道理？（学生对两个问题进行讨论，回答。略）

师：我觉得都挺有道理的，非让我确定一个，我倾向于第一种解释。现在，你大致知道"冤"字的意义本源了吧。我们这节课要探究《窦娥冤》的经典价值，把"冤"字的文化内涵搞清了，也算是一个小收获吧。

此环节依托富有趣味性的汉字造字艺术，激发学习热情，帮助同学从意义本源认知"冤"字的文化内涵。通过这种设疑刺激，学生不仅由"拒绝接受"变成"愿意接受"，而且还对授课刺激作出了愉悦的反应，从而顺利克服了学习过程中的情感对抗。

第四，缩短心理距离，形成最佳情绪状态。

在师生教学的交往中，"距离感"主要表现在：

（1）教育者与被教育者之间的心理障碍。

（2）学习者与教育内容的鸿沟。

这种"距离感"无形地压抑着学生的学习情绪。学生缺乏热烈的情绪，就缺少一种投入到学习活动中的"力"，学生的心理倾向就很难主动地趋向学习过程，也就谈不上获取知识，更不用说情感的熏陶了。

怎样缩短教育者与学生之间的距离呢？首先教师必须理解和接受学生，把学生看作是值得尊重、与己平等的人，坦率、真诚地对待每一个学生，坦然地向学生表露自己的真情实感，同时也鼓励学生向自己吐露真实感情。当教师在学生面前举止真诚时就有助于增加学生和他在一起的安全感，因为觉得他始终言行一致，是个可靠的人，学生愿意和他交心，愿意从他那儿获取信息，进行有效的交流，分享有益的情感，从而使教与学有效地进行。同时教师的理解、接受、真诚的言行还能有效地减轻学生的压抑感。其次，在教学与评价中，教师应设身处地尽量采取积极的语言、行动，认可的态度，这是寻求师生双向理解、信任的有效途径。因为积极的语言、行动，能使消极行为向积极行为转化，如对待正企图抄袭的学生，你用"不要别人帮助，自己试着去做做"总比消极语言"不要用抄袭邻座的来骗人"来得更有效果，既尊重了学生的情感，又能使行为向积极方向转化。如夏季午后上课，面对无精打采的学生，教师盛气凌人地呵斥"头都抬起来，不要趴在桌子上"，学生即使勉强坐直了身子，可学得并不痛快，甚至讨厌。聪明的教师则会设身处地去体验这种困倦，并建议学生："大家站起来活动下，或者去洗把冷水脸，提提神吧。你们的行动最好不要影响别的班级，而且别耽搁太久了，行吗？"这时的情形是困倦的学生迅速地悄悄地离开教室，几分钟后悄悄走进教室，精神振作地坐着，聚精会神地听课。当学生的需要得到满足，情感得到认可时，学生就会乐于同教师交流，并从交流中享受到学习的乐趣。如果教师始终能坚持以学生为中心，设身处地"能从学生的角度意识到学习和教育过程是如何发生的"，"能信任和支持学生"，了解学生的需要，他的学生会越加确信自己，更容易实现自己的学习机制，就会以最佳的情绪主动投入，积极参与，自由地享受学习的情感，并对教育者产生"爱屋及乌"的回报效应。

罗森塔尔就曾任意指定一部分学生，说他们将有优异发展的可能。结果他的话使教师通过笑貌、眼神、语调等方式将自己暗含期待的感情微妙地传给这些学生，使这些学生更加自尊、自信、自强，欢乐和奋发溢于言表，并产生了一种"皮格马利翁"效应。假如老师在教学活动中始终以"爱生乐教"作为自己的宗旨，并使学生从教师那里敏锐地感到一种期待，并使之转化成为学习的内部诱因，那么便会形成一种"诲人为乐，学而感趣"的教学之风，师生间人际关系的情绪效应也会得到最佳发挥。

另外，就教学内容而言，学生的已知与未知间必有距离，而教科书的内容许多都已时过境迁，和学生存在着明显的隔膜。如果教师对课文只作客观分析就势必会拉大学生与教学内容的距离，让学生感到陌生，学习情绪就很难激发起来。因此教育者要调动各种手段，创设一种与教学内容相接近的情境，或声情并茂地描绘，或图像的再现，让学生的情感转移到教材上来，由"关注"到"激起"再到"加深"，使学生的情绪发展处于一种良性循环。

今天的教育正面临着应试教育向素质教育的转轨，世界各国都把培养适应未来社会激烈竞争环境的一代新人作为迎接新世纪挑战的一项重要对策，而语文这门综合性学科的素质教育就显得尤其重要。可是当前我们的语文教学正面临着学生不感兴趣、畏学、厌学的现状。要改变这个现实，激发学生自觉学习语文的兴趣，不妨从情感教育方面作点尝试，也许会收到令人满意的效果。

3. 议论类文体的启发教育

议论类文体的形式较灵活，但其共同特点是作者在文中要表达某种观点，表现对客观事物或人的一定的情绪倾向。教师深入挖掘这些因素，让学生从中受到某种启发，提升思想认识，进而升华自己的情操。

（1）选择重点词语，发掘课文深意，启发学生思考

19 世纪德国教育家第斯多惠说：一个坏的教师奉送真理，一个好的教师则教人发现真理。语文的课文是经过"精挑细拣"的，可以说每一篇都闪耀着思想的火花，但它们表现主题的方式却是多种多样的，有的如燃烧的火把，学生从字里行间便感受到灼人的光辉；有的像埋藏在文字"沙砾"深处的宝石，要深入开挖拣选才得见它的奇光异彩。无论作者直抒胸臆也好、间接表达也好，他的思想毕竟离不开文字的表达。在教学中，教师选择、筛滤出这些表情达意的词语、章节，引导学生在发掘其内涵的同时作深层的思考，从而"发现真理"，受到教育。例如，《拿来主义》中有这么一句："这种奖赏，不要误解为'抛来'的东西，这是'抛给'的，说得冠冕些，可以称之为'送来'，我在这里不想举出实例。""抛来""抛给""送来"三词语意相近，但鲁迅先生却特地区别运用，讽刺国民党反动派不过像叭儿狗得到主人"抛给"的骨头一样。"抛给"是恶意的给予，隐含着轻蔑和侮辱的意味。洋大人不会发慈悲心，他们以主子自居，把从中国人民身上榨取的血汗、掠夺去的财富，吃剩下来，抛一点儿给走狗，以作为进一步榨取的诱饵。"我在这里不

想举出实例",是因为"抛给""送来"的实例比比皆是,举不胜举;是因为国民党政府对这一点讳莫如深。这样写既对卖国政策进行含蓄锐利的批判,又抒发了作者的愤慨之情。学生通过找寻,比对和分析,既对这些词语的内涵加深了解,而且在感情上引起共鸣,产生对外国侵略者与其走狗的蔑视和憎恨。通过对重点词语的品味和分析,我们可以更好地理解鲁迅的思想和他对社会的关切。同时,这也有助于我们从中汲取启示,反思当前社会中的盲目追求外来事物和缺乏自主创新的问题,进一步促进国家和民族的发展。

（2）选择最佳"渗透口",使"文""道"水乳交融

语文教学由多个环节组成,如新课导入、解题、介绍时代背景、剖析结构,解释词语、分析人物、归纳主题和写作特点等。教师绝不可能也不需要在所有或多数教学环节中都跟思想教育挂上钩,因为课时不允许,且浅尝辄止,收效反而不大。教师宜根据不同的课文内容,选择其中"渗透力"最佳的环节作为突破口,使思想教育之泉自然流人和滋润学生的心田,这"渗透口"选择的准确与否,效果很不相同。如讲授谢冕的《读书人是幸福人》一文,在两个平衡班选择了不同的"渗透口","一个班的渗透口"设在介绍时代背景和归纳主题这两个环节中,号召学生们养成文章中所提倡的好读书、读好书的习惯,树立终身学习的理念。这堂课教师讲学生听,反应较平淡。在另一个班教学时,选择分析"什么是幸福"这一环节作为"渗透口",朗读了课文的第一段后向学生提出如下问题:什么是幸福?与家人团聚,是幸福;与朋友畅聊,是幸福;与爱人共享人生,是幸福。幸福的定义很多,为什么作者却认为"读书人是幸福人"?围绕这个问题,引导学生归纳了课文阐述的三个关键词——开阔视野、陶冶情操、碰撞思想。这归纳过程,也就成为终身学习理念和好学上进精神在学生心中起着潜移默化作用的过程,这堂课把思政教育熔化在语言学习和观点分析之中,教学效果明显有所提高。

（3）选准"靶心",联系学生实际有的放矢

教学艺术的成败,是以受教育者的收效高低作为客观衡量标准的。学生受到教益,说明这教学是成功的;反之就是不成功。因此,教师运用"课程思政"艺术时,要做到知己知彼。"知己",就是对教材内容熟悉,并运用自如,将教材表现出来的思想、精神"化"为自己的思想、精神;"知彼",就是了解学生。如果说,对于任教多年的老教师,熟悉教材较容易做到的话,了解学生就要困难得多了。因为教材是"死"的,年年如此;学生的思想却

是"活"的,日日常新。为此,课程思政的"渗透"艺术的成功,有赖于教师树立正确的学生观,把师生关系建立在协同、和谐、平等友好的基础上,深入学生中去,了解学生的思想动态,既掌握当代中职生的思想共性,又掌握所在学校和班级学生的思想个性。"读好学生这本'活书'能激起创造的灵感,增长你创造的才干",把学生这本"活书"真正读好了,教学中便能做到箭无虚发,收效自不待言了。尤其职业学校,学生除了具有普通中学生思想特点外,又有它自身的特点,如重技轻文的学习取向等。针对这种情况,在教学中除了重视进行爱国主义、社会主义、集体主义和"两史一情"教育外,还要注重进行正确健康的人生观教育,启发这些即将走出校门的莘莘学子思索人生的种种问题,为将来踏足社会做思想准备。

(4)选择教学"空间",创造一定的氛围,使学生感同身受

看过电影的人都体验到:普通电影和 3D 电影的感受不尽相同,普通电影的观众只是"看",而立体电影却使观众如置身其中,观众的情绪随着剧情的发展、人物的命运作更大的波动。语文教学亦如是,教师可以根据条件的可能刻意创造一个有强烈氛围的空间,让学生身处其中,思想教育"渗透"的效果就会更佳。如语文教材中不少描绘祖国美丽河山的课文,若有条件可借助现代教学手段,如 VR、视频、音响等,让学生耳闻目睹。又如对一些感情激越或哲理性强的段落,教师、学生作有表情的朗读,也是创建氛围的手段。讲授陶行知《创造宣言》时,让学生集体朗读最后一个自然段:"只要有一滴汗一滴血,一滴热情,便是创造之神所爱住的行宫,就能开创造之花,结创造之果,繁殖创造之森林。"陶行知先生充满自信的态度和铿锵的语言在课堂上回荡。这种激烈的氛围增强了对学生的感染力。

二、写作教学中的思政育人

"文以载道",学生写作是为表达思想感情的,是他们的思想、生活、知识和写作能力的综合表现。文如其人,写作和做人相一致,教文和育人相统一。因而,在写作训练中对学生进行思政教育是有效的途径。

（一）写作指导中进行思政教育

学生写作最能反映他们的立场、观点和思想感情，因而写作前的指导是必要的，不可缺少的。写作前，学生对生活的观察、题材的选择、主题的提炼、形式的表达，对比教师应予以必要的提示，这不是多余的，也不会束缚学生的想想。学生写作，应当有个性，同一文题，各个学生所表达的内容，千差万别，丰富多彩，不会雷同。但不管怎样，学生写作总是意在笔先，思想总是领头的，因为他总要表达某些思想或某种感情。在写作训练中，写所谓"无思想"、"无中心"的写作是不当的，搞文字游戏对于学生写作能力的提高并无多大裨益。指导学生写作首先要教育学生以正确的思想观点带动语言文字，以优美的语言文字表达健康的思想感情，使二者融为一体。

写作的指导，每学期、每学年依据各册教科书，按照学生情况，应有总体设计。写作训练的总体设计，不仅要有写作表达方式的种种规定和要求，而且要有思政教育方面的总体设计，尽可能把教文和育人结合起来。当然，这个设计要依据语文教学大纲的规定，按一定的序列来安排，但一定要和语文课程思政有机地结合起来。

具体写作，涉及审题立意、选材剪裁、谋篇布局、遣词造句，教师不能单纯在写作技法上指导，同时要在思想上予以启示。如命题写作，教师对题目的确定，就要考虑它的教育性、针对性。既要考虑现实，又要联系学生思想实际，使学生感到既有东西可写，又从中受到教育。

例如看画命题写作，有的教师选择一幅《挑刺儿》的漫画，画面上有高、矮、胖、瘦四人，共同指责造门的工匠。高者说："门太矮！"矮者说："门太高！"胖者说："门太窄！"瘦者说："门太宽！"如此等等。教师按此画以《标准》为题要求学生写一篇议论文。学生在教师的指导下，通过对门的分析思考，提炼"题意"，认识到：看问题不能单纯从自我出发，而要从客观实际出发，要正确处理主观和客观的关系，一般和特殊的关系。学生的思考考、构思，直到落笔成章，必然受到一次唯物论和辨证法的思想教育。

写作指导中的思政教育，不能搞死了，要富于启发性，不拘一格。学生写作的思想性，表现在各种形态上，或说明某种事物，或刻画一个人物，或论述一种科学的主张，或抒发一种美好的感情，或表达一种向上的精神，或体现一种崇高的思想境界。凡此种种，要让学生放胆写作，发挥他们的想象力和创造力，思想活跃，但不离开大格——社会主义核心价值。写作训练中的思政教育，切忌形式主义，不能搞"概念化"和"公式化"，要注意防止僵化。

（二）写作改评中进行思政教育

写作批改和写作讲评是对学生写作实践的检验和评价，实际上也是写作训练的一种指导。教师对写作批改和讲评，不仅要在遣词造句和修辞手法上予以肯定或否定、赞扬成批评，而且要在思想内容上给予一定的评价。因此，写作批改和写作讲评是对学生进行思政教育的一种有效途径。

写作批改和写作讲评，在进行思政教育时要注意以下几点：

1. 坚持正面教育

教师对学生习作的批改和讲评，必须坚持正面教育。这是因为学生的绝大部分习作思想健康、积极向上。坚持正面教育，包含两方面的含义：其一，鼓励学生表达正确的思想观点，抒发健康的思想感情。通过写作充实、丰富他们美好健康的精神世界，促其天天向上，健康成长。即使是微小的思想火花，只要是有意义的就应该予以赞扬和肯定。其二，注意学生写作中流露出的消极的、没落的、不健康的思想情绪，要用正面教育的方式方法，摆事实讲道理加以引导，不使其蔓延和发展。要以优秀的学生习作或以典范性的文章加以启迪，调动其积极性。事实上，提倡正面的东西，也就抑制了消极的东西。学生的可塑性很大，只要教师耐心疏导，而不是简单训斥、粗暴对待，就会达到语文课程思政的目的。

如何正确对待歌颂与暴露，也是学生写作面临的一个问题。我们的社会生活，光明面、积极面是基本的、主导的；而阴暗面、消极面则是次要的、非主导的。因而教师指导学生写作应鼓励写正面的、光明的、积极的东西，引导学生积极向上、蓬勃进取，而不是让学生的思想消沉、颓唐，对现实不满。但我们的社会毕竟有落后的、消极的、阴暗的东西，学生反映也是正常的，不要大惊小怪。即或某些思想不对头，甚至出现错误，也要耐心加以疏导，使之不断提高。

应特别指出的是，学生思想活跃，敢想敢写，勇于发表自己的见解，要充分肯定。他们习作中反映出的"求新"、"求异"思想，有时难免带有主观性、片面性和表面性，这是正常的，不能脱离学生的思想提出不切实际的要求。只有正确引导，才会使学生的思想健康地发展。

2. 加强个别教育

学生的写作练习，并非"定型"的文章，他们的习作所反映的内容和思想感情，带有年龄的特征，同时也有鲜明的个性，而且又处在动态过程中。这就要求教师在写作批改和讲评中进行思政教育时，必须是具体情况具体分析，一把钥匙开一把锁，因材施教，加强个别教育。要根据不同情况采取不同的思想教育方式，不能千篇一律，按照一个模式去要求。学生中的优秀习作、一般习作和带有某种不健康情调的习作，教师的评价均应实事求是，恰如其分。过高的评价、过低的估量，都达不到教育目的，反而会使学生产生逆反心理。

在写作批改和写作讲评的施教过程中，教师应注意自己的思想感情同学生的思想感情的交流。习作的批语，讲评的分析和概括，应熔铸教师的情感，使学生真正感受到教师对他们的真诚期望和无微不至的关怀，从而受到切实的思政教育。

（三）写作中的爱国主义思想教育

中共中央、国务院 2019 年印发的《新时代爱国主义教育实施纲要》中明确规定：充分发挥课堂教学的主渠道作用，培养社会主义建设者和接班人，首先要培养学生的爱国情怀。

面对新的形势、新的要求，中学写作教学如何实施素质教育，在提高学生语文素质的同时，突出培养学生的爱国主义思想情操？这是值得全体语文老师在教学实践中共同探讨的一大课题。在这方面，语文教改专家魏书生老师颇有研究。他认为：语文教师的职责绝不只是教语、教文，更应重视培养一代"四有"新人，立足于全面提高 21 世纪接班人的素质。于漪老师也着重指出："语文是进行素质教育的最有效的学科之一。""语文学科在养成学生听说读写能力的过程中，更应该注意培养学生对生活的认识和参与社会的实践能力。"而"创造型人才应该具有爱国主义精神,具有高尚的情操"。作为一位普通的语文教师,也应具有这样一种基本认识:面对当前霸权主义、强权政治势力横行的国际环境和面对急需深化改革开放,又需保持安定团结的国内形势,责任心和使命感催促自己在全面推进素质教育的过程中,突出培养学生的爱国主义、集体主义、社会主义思想。应该抓住当前重大政治事件,结合现行语文课本中许多渗透着爱国主义思想的好教材,对学生进行爱国主义教育,增强学生的民族自尊心和自豪感,并集中开展几次综合性写作训练。在教学过程中,应遵循素质教育的"主体性原则",以学生为主体,重视开发学生的智慧潜能和创造性思维,在突出爱国主义教育的同时,全面提高学生的多方面素质。

1. 基本做法为:

(1)鼓动、激发学生的学习热情和积极性;

(2)为学生铺路搭桥,提供带启发性的提纳,引导学生查资料、听讲座收集整理信息,写好发言稿;

(3)分组讨论、互相交流,展开竞赛;

(4)自己拟题,畅谈体会,独立成文。

2. 提供的参考提纲为:

庆祝中国共产党百年华诞:

(1)昔日的苦难史、屈辱史;

(2)新中国的诞生与党的领导;

(3)改革开放与中华崛起;

(4)世界风云与科教兴国。

以上写作教学把听说读写融为一体,充分激发了学生浓厚的写作兴趣和正确的写作动机,寓作文于生动活泼、形式多样的活动之中,让每一个学生主动地有效地参与活动,积极地动手、动口、动眼、动脑,获取资料,充分酝酿、互相竞争、热烈争论,既充分展示了个人才能,又互相帮助、共同探讨,不仅使学生的主体作用和学习主动性、积极性得以较好发挥,而且增强了他们的个人责任感和集体荣誉感;不仅使他们的听说读写能力得到综合训练和全面提高,而且激发了他们的爱国热情和民族自信心、自豪感。

有一位教师在写作教学中,曾充分利用当前的国际国内形势,对学生进行启发教育。如:2018年12月1日,孟晚舟在加拿大转机时,被加拿大当局代表美国政府予以逮捕。美方指控她违反了美国对伊朗的制裁禁令，并试图将其引渡到美国。由此展开了这场漫长的"中美加三方拉锯战"。经中国政府不懈努力，于 2021 年当地时间 9 月 24 日，孟晚舟女士已经乘坐中国政府包机离开加拿大，踏上归国之路。在中国政府包机上，孟晚舟写下《月是故乡明，心安是归途》一文，这篇文章刷屏了朋友圈，无数人为孟晚舟的文章感动，为她归国而激动。孟晚舟回国，是党中央坚强领导的结果，是中国政府不懈努力的结果，是全中国人民鼎力支持的结果。这一事件值得讲给学生。老师及时抓住这一重大政治事件，有计划、有步骤地配合学校开展了几次特殊的写作活动，组成了一个不平常的单计元写作教学。

一是组织学生上网查找资料、看电视新闻，读中国政府的严正声明，让学生听到全国人民和中国政府愤怒声讨、强烈抗议的正义呼声，大大激发起学生的民族义愤和对霸权主义进行口诛笔伐的强烈写作冲动。教师抓住契机，提供下列写作提纲，让学生积极准备，小组充分讨论，写出义正词严、文情激愤的声讨文章，然后召开班级声讨大会。

其提供的提纲是：

（1）事件的性质；

（2）美国民主、人权的双重标准、虚伪性，"长臂管辖政治化"的反动性；

（3）我们的态度和要求。

二是组织学生上网查找资料。看视频看到孟晚舟回国时更新的朋友圈："没有强大的祖国，就没有我今天的自由。正是那一抹绚丽的中国红，燃起我心中的信念之火，照亮我人生的至暗时刻，引领我回家的漫长路途。"让他们看到中国政府为敦促加方释放孟晚舟所做出的外交努力。提供下列参考提纲，让学生含着热泪写出文章，然后每个学习小组交流讨论。提供的参考提纲是：

（1）美国对中国企业的蓄意打压；

（2）中华民族不屈的尊严；

（3）"卡脖子"的技术短板；

（4）我们的态度和决心。

三是组织学生观看欢迎孟晚舟回国的录像视频，学习人民日报客户端刊发文章《没有任何力量能够阻挡中国前进的步伐》，以《请记住，在你的身后有一个强大的祖国》为题，参考提供的写作提纲，每人写出演讲稿。先小组交流，再选派代表，登台演讲。

参考提纲是：

（1）回顾历史：中国人民在侵略者面前从未屈服过，只有前仆后继，奋力抗争；

（2）喜看今朝：改革开放，国威大增；

（3）展望未来：强国建设，实现中华民族伟大复兴梦。

以上这个特殊的写作单元是一次"一意多式"的综合写作训练，它既是按一个基本相同的立意写出多体裁作文的复杂训练形式，又达到了熔听说读写为一炉的综合能力训练目的。因此它有以下几个特点与功能：

第一，综合性。

（1）一个主题，五种体裁（议论文、发言稿、书信、演讲词、诗歌）写作；

（2）一个单元，多种能力（听说读写能力、自学能力、组织能力、社会活动能力等）训练；

（3）一个事件，多项素质（思想品德素质、科学文化素质、审美鉴赏素质、心理素质）培养。

由此观之，这个特殊的写作单元有一定的难度，要遵循由易到难的循序渐进原则，还要明之以理、示之以例、教之以法。因此除了对几种体裁特点、写作技巧作必要的指点外，还要对某些历史知识、国内外形势、有关政治术语等作相关介绍，并提供带启发性的参考提纲，指点迷津，开拓思路，较好地收到了综合训练的效果。

第二，鼓动性。

在历经1028天的拘留后，孟晚舟终于得以回到祖国母亲的怀抱。在这个心潮澎湃的大氛围里，同学们备感骄傲和自豪，炽热的爱国情怀和强烈的民族自豪感，使他们的写作热情一发而不可收，人人主动求知，个个积极写作，力争发挥自己最好的写作水平，并能在相互交流中调整自己的思路，修改文章，写作积极性和钻研精神得以充分发挥，形成了主动学习的倾向。有些平时视写作为畏途，写作水平和朗诵水平不高的同学，在这样的氛围熏陶下，与有荣焉，热泪盈眶地发言、演讲、朗读诗文，写作热情空前高涨，水平大有长进，收到了意想不到的好效果。

第三，开放性。

长期以来，由于受应试教育的影响，学生学习的场所局限在课堂（最多加实验室和阅览室），知识和信息的来源主要是教材和教师，形成了封闭式的教育空间和单一的信息输送渠道，严重堵塞了写作教学的源头活水。为此，中共中央、国务院在《关于深化教育教学改革全面提高义务教育质量的意见》中指出："坚持教学相长，注重启发式、互动式、探究式教学，教师课前要指导学生做好预习，课上要讲清重点难点、知识体系，引导学生主动思考、积极提问、自主探究。"而在本单元教学过程中，学生们上网、看电视，找资料查论据；参加座谈，愤怒声讨，互相交流，共同切磋，推选佳作，选拔代表，参加班级、专业、学校的有关活动。这就将传统写作教学中那种单一性、封闭式教学变成了听说读写为一体，组、班、校相结合的开放性、综合性教学，教学信息由单向传递变为双向或多向传递，大大增加了知识和信息的传递量和反馈渠道，较好地达到了《意见》要求的"突出学生主体地位，注重保护学生好奇心、想象力、求知欲，激发学习兴趣，提高学习能力"的目的。

三、听说教学中的思政教育

学生听说读写能力的训练和培养，是在口头语言的输入和输出的过程中实现的。这个过程是学生接受各种思想和表达自己思想的过程，因而也是进行语文课程思政的过程。它同阅读能力训练和写作能力训练中的思政教育有很多相同之处，听说训练也是对学生进行语文德育的有效途径。

（一）"听讲训练"思政教育途径

学生在听教师讲课的过程中，或接触一种思想、审视一类形象、体验一种情感、认识一个榜样时，总是在碰撞一定的观念形态。这种观念形态一经和学生原有的思想观念、感情立场接触，相互之间就要产生碰撞。其结果，或者是新接触的思想观念被学生原有的思想观念同化；或者是新接触的思想观念取代学生原有的思想观念，使原有的思想观念更趋于完善和成熟；也或者是学生原有的思想观念将新的思想观念"拒之门外"。总之，在这些具体情境中，学生的思想观念往往会发生变化。能否相应有效地进行思政教育，就要看教师在这些具体的情境中做得如何了。所以，听读教学必须注意思想认知、感知形象、情感体验、榜样认可这些具体的方面，以理服人，以情动人，以美感人，因势利导地对学生进行思政教育。

1. 思想认知

语文教材中的大量文章，都具有政治、伦理、哲学等思想内容，有鲜明的观点。教学这类文章时，学生必然要认知其中的思想观点，而对这些观点进行认知的过程，就是接受思想教育的过程。所以，教师在教学过程中，必须引导学生深入分析课文的思想内容。课文中赞成什么、批评什么，都应该让学生真正理解。比如教学叶圣陶先生的《习惯成自然》一文，既不能只限于让学生搞清楚这篇文章是如何提出问题、分析问题、解决问题这些语言技术，也不能满足于让学生只有"习惯成自然是一种能力"这一认识，而应指导学生认真钻研课文，真正懂得受教育的目的就在于要养成好习惯，从而认识养成习惯贵在身行实践。这样，学生才会对这一辩证唯物主义问题真正有所理解，进而增强平时养成好习惯的自觉性。

2. 感知形象

语文教材中选了大量的文学作品，而文学作品都是借助于形象来表达思想的。所以，教学文学作品时，感知形象的过程，自然也就是接受思想教育的过程。比如课文《士兵突击》，是一部以军旅题材为主题的小说，通过讲述一个年轻战士的成长故事，塑造了一群形象鲜明、性格各异的军人形象。从许三多的成长经历——他之能从一个傻乎乎，连原地转身都转不好的步兵列兵，成长到步兵之王，根本原因就在于他从来不放弃自己，也从来不抛弃战友，联想到一个人有所成就最重要的因素不是聪明，而是责任、认真、执着和爱心，从而树立正确的人生观、价值观，学会做事，也学会做人。文学作品中有时还塑造一些反面的形象，感知这类形象时，教师要指导学生充分认识形象丑恶、落后的一面，让学生在厌恶丑恶和落后愚昧的同时，提高自己的思想觉悟。

3. 情感体验

一篇好的文章往往是作者思想感情的结晶。只有披文入情，体会作者感情的波澜，才能真正把握文章的思想实质。在语文教学中，体验作品思想感情的过程，也就是接受思想品德教育的过程。比如，教学《我爱这土地》一文时，从感情入手，通过各种方法，把作者爱恋祖国的感情波澜，细腻地传送到学生的心坎上，让学生的心潮随着作者的感情激流澎湃。学生在体会作者赤子之心的同时，更加珍惜现在的幸福生活，把爱国情、强国志融入报国行的自觉奋斗中，从而自然而然地接受了一次爱国主义的思想教育。

4. 榜样认可

有些文章或文学作品是宣传、歌颂英雄模范人物的，如《国家的儿子》《"探界者"钟扬》《世间最美的坟墓》等就是这样的作品。英雄模范人物本身就是先进思想的代表。教学这类课文，教师一定要注意引导学生认识英雄模范人物的品质实在高尚、精神实在伟大，学生就会"见贤思齐"，从内心产生向英雄模范人物学习的渴望，用先进模范人物的思想和言行衡量、检查自己。

（二）"说话训练"思政教育途径

学生说话就是在发表自己的思想。因此，当学生把自己的思想诉诸口头语言的时候，往往最容易把握学生的思想状况，这就为有针对性地进行思政教育提供了有利时机。如果学生在说话时反映的思想正确、情绪健康，教师就应采取表扬鼓励等手段加以强化；反之，则一定要采取措施加以引导，使之向正确的方向转化。这时，教师决不可对学生的错误思想放任自流，否则就是失职。

在说话训练中科学地进行语文德育，关键性的工作是抓好对说的指导和对说的评价。

一是说的训练。说话的训练有答问、朗读、复述、讨论、演讲等诸多方式。教师在指导说的过程中，固然要求学生说话吐字清楚、字正腔圆、抑扬顿挫、节奏鲜明、层次清楚、逻辑严密、中心突出，但同时也必须指导答问什么、复述什么、朗读什么、讨论什么、演讲什么。一般地讲，复述和朗读的多是优秀的课文或脍炙人口的篇章。通过复述和朗读，能掌握作者的情感和态度，把握作品的基调和色彩。这既是熟悉作品的过程，是复述和朗读的必要准备，同时又是语文课程思政的过程。学生会在这个过程中受到感染和启示。而讨论和演讲多是直接表明自己的观点和主张，这就有一个立场和态度问题。教师也必须予以指导，要指明"人的本质并不是单个人所固有的抽象物，在其现实性上，它是一切社会关系的总和"。讲立场对学生来说可能有些陌生，但却是必要的，因为这需要教育和培养。对那些非政治性的或学术之类的课文，也有是非曲直问题，同样缺少不了必要的指导。

二是对说的评价。说的训练过程，特别是学生说的结果，教师应予评价。学生答问、复述、朗读、讨论和演讲等结束后要给予评论和估价，即肯定或否定、肯定之中有否定或否定之中有肯定，要防止片面性。评价不能单纯着眼于形式和技巧，还必须从内容上、思想上予以赞扬或指出其不足，这样才能使学生受到教育。评价，教师固然要做，但也要发动学生，由学生相互进行评价。这本身也是学生自我进行语文德育的过程。对学生说话训练结果的评价，实际上也是指导，目的在于提高认识，以便进一步实践。通过认识、实践，再认识、再实践，循环往复，不断加深，使学生的口头语言表达能力和思想水平逐步得到提高。

第四章

中职语文课程思政元素的特点、分类和挖掘

职业教育人才培养是育人和育才相统一的过程。2016 年 12 月，习近平在全国高校思想政治工作会议上发表重要讲话，指出，各门课都要守好一段渠、种好责任田，使各类课程与思想政治理论课同向同行，形成协同效应。习近平总书记的重要论述指明了学校各类课程和思想政治理论课必须同向同行、协同建设的根本方向。当前，全国都在积极推进课程思政建设，课程思政的理念也逐步成为广大教师的共识。课程思政的价值和深层意义不言而喻。教师们具体关注以下问题：在课程上融合哪些内容是课程思政？如何挖掘课程思政元素？如何避免不同课程思政元素和素材的雷同？

一、中职语文课程思政元素的特点

课程思政中的思政元素，并不是对思想政治理论课教学内容的复制和粘贴，也不是对思想政治理论课教学资源的搬运，而是深入到具体专业、具体课程的教学体系、教学内容和教学实际，结合课程特点分类挖掘独具特色的思想政治教育资源。其中包括每门课程在教学体系、教学内容、教学过程和教学方式中蕴含着的思政理念、思政内容、思政功能、思政资源等思想政治教育要素。

职业学校开展课程思政，必须坚持以习近平新时代中国特色社会主义思想为根本指导，紧紧围绕做人做事的基本道理、社会主义核心价值观、实现民族复兴的理想和责任这三个核心内容，深入梳理课程教学内容，结合课程

特点、思维方法和价值理念，运用马克思主义立场、观点和方法挖掘课程中所蕴含的思想政治教育元素和所承载的思想政治教育功能。同时，确保思政元素的内容体现政治性、饱含育人性、富有科学性、具有生动性，并且有机融入课程教学之中，以此实现所讲授课程在价值引领、知识传授与能力培养方面的有机统一。

语文课程蕴含着丰富的思政元素，但这些思政资源并非直接显露于课程内容之中，需要我们语文教师研判资源的合理性，并对其隐含的思想价值和精神内核进行提炼和加工，在开展课程思政过程中运用自如。语文课程思政元素一般具有以下三个特点：

1. 思政元素具有广泛性。语文课程中都或明或隐地存在着不同种类、不同内容的思政元素，并随着课程性质、学科要求、授课模式和教学过程的差异而呈现出丰富多彩的表达形式。我们要善于从不同课程中发现、挖掘和运用思政元素，避免简单模仿，导致课程思政元素在形式上、表达上、模式上出现千篇一律、大同小异等问题。

2. 思政元素具有分散性。由于不同学校的发展定位和人才目标不同，不同专业、不同课程的教育资源也存在差异。因此，建议从地域特色、学校特点、学科特征和语文课程特性等方面挖掘更符合课程本身特点、契合学生认识、融合时代要求的思政元素。如福建省学校可以挖掘福建红色文化资源、海上丝绸之路文化资源和校本特色资源。从课程教材、教学重点、课堂教学和社会实践等方面运用凸显语文学科知识、彰显价值引领、激发精神追求的思政元素。

3. 思政元素具有渗透性。课程思政并不是要取代学科教育和知识教育，而是要将思想政治教育渗透进课程、融入教学，让学生在掌握学科知识的过程中，潜移默化地接受社会主义核心价值观教育，实现价值引领与知识传授、能力培养的融合。依据思政元素的渗透性特点，主要采取隐性教育的方式开展教育教学，在不影响各类课程既定教学目标、教学运行和教学方式的前提下，将思政元素春风化雨地渗透到教育教学全过程。

一、中职语文课程思政元素的分类和诠释

　　早在清末中小学语文独立设科时，有识之士就曾针对儒家狭隘的"文以载道"的观念，提出对"道"应作广泛的理解。吴增琪编的《中学国文教科书》在其例言中就指出："昔人有言，动曰以载道。而沿其说者，则云非有关系者不作。理固至正不可易。然道亦何常之有？精粗大小皆道也。譬如书一事，则必有事理。纪一物，则必有物理。理之所在，道之所在也。岂言心言性言三纲五常之外，皆无所谓道乎？"这就否定了旧时教育把"道"等同于心、性、三纲五常的狭隘观点，揭示了"道"的极其广泛的外延。这就是"理之所在，道之所在"。"道"存在于课文的"理"中，不管"精粗大小"之"理"，都包含着"道"，都有一定的德育意义。语文作为表情达意的工具，作为信息的载体，它必然要涉及人的思想感情的一切领域，要负载社会的各种思想信息。我们将这些元素归纳总结为八个思政维度，每个维度列出三个主要二级标点，从而形成语文学科的课程思政八维度体系。该体系的具体构成与维度诠释如下：

一级维度	二级指标点
政治认同	拥护中国共产党领导
	坚定中国特色社会主义理想信念
	积极投身于中国特色社会主义建设
家国情怀	在情感层面发自内心地热爱国家
	与国家民族休戚与共的家国同构
	以百姓之心为心、以天下为己任的使命感
工匠精神	执着专注的敬业精神
	精益求精的职业品质
	探索创新的价值取向
文化自信	认同并热爱中华民族的优秀传统文化
	认同并热爱中国共产党的革命文化
	认同并热爱习近平新时代中国特色社会主义文化

续表

一级维度	二级指标点
审美意识	树立科学正确的审美观念
	培育健康向上的审美心理
	发展较高层次的审美能力
道德品格	传承和发扬中华民族传统美德
	弘扬和践行社会主义核心价值观
	明确并履行社会主义制度下的权利、责任与义务
身心健康	良好的学习态度和学习习惯
	良好的人际交往和合作能力
	良好的自我管理和调节能力
国际视野	了解国际政治体制与文化差异
	具备基于全球变化与国际差异的思维视角
	以国际视野看待并参与社会主义中国的建设

（一）政治认同

政治认同是语文课程思政的重要内容。青少年的政治认同，是他们创造幸福生活的精神支柱、价值追求和道德准则，并影响着中国未来的走向。只有筑牢政治认同，才能共同维护好国家安全和社会稳定，才能同心同德为实现中华民族伟大复兴的中国梦而奋斗。当前，我国正处于社会转型和经济发展的关键时期，新情况、新问题、新课题不断出现，而青少年学生正处于人生价值观念的"拔节孕穗期"，其思想尚处在不成熟阶段，只有充分汲养、科学滋养，人生才能节节壮、步步高。通过语文教育，对学生政治认同施加影响，大有作为。

1. 含义

政治认同是人们在社会政治生活中产生的一种感情和意识上的归属感。具体体现为对中国共产党领导的认同，对中国特色社会主义的认同，并积极投身于中国特色社会主义建设。中国特色社会主义是改革开放以来中国共产党的全部理论和实践主题，更是党和人民历经百年沧桑，不断创造、不断奋斗、不断积累的根本成就。我们办中国特色社会主义教育，就是要旗帜鲜明地把习近平新时代中国特色社会主义思想传导给青少年，帮助他们扣好人生第一粒扣子。

2. 二级指标点

（1）拥护中国共产党的领导

中国共产党的领导地位不是天生的，是历史和人民的选择。中国特色社会主义最本质特征是中国共产党领导，中国特色社会主义制度的最大优势是中国共产党领导。必须坚持党对一切工作的领导，自觉在思想上政治上行动上同党中央保持高度一致，这样才能实现推进现代化建设、完成祖国统一、维护世界和平与促进共同发展三大历史任务。

（2）坚定中国特色社会主义理想信念

理想信念是人们的政治信仰和世界观在奋斗目标上的具体体现，是有层次性的。最高的理想是为共产主义而奋斗，现阶段的基本纲领是建设中国特色社会主义。这是实现共产主义理想的重要阶段，是理想里程的最关键性的一步。在社会主义事业中，我们既要坚定自己的共产主义理想，为共产主义奋斗终身，又要坚持中国特色社会主义信念，坚定对党的领导的信念，坚定走中国特色社会主义道路的信念，坚定实现中华民族伟大复兴的信心。

（3）积极投身于中国特色社会主义建设

确定远大的理想是很重要的，站得高，看得远，有了远大的理想，并脚踏实地去实践，才能把理想变为现实。建设中国特色社会主义，要体现在实际行动中，要立足于我国仍处于并将长期处于社会主义初级阶段这个基本国情，投身习近平新时代中国特色社会主义伟大实践，推进中国特色社会主义经济、政治、文化、社会和生态文明建设。要引导青少年学生把远大理想与现阶段共同理想紧密地结合起来，胸怀共产主义崇高理想目标，在中国特色社会主义的道路上争当伟大理想的追梦人，争做伟大事业的生力军。

（二）家国情怀

家国情怀是语文课程思政的永恒护体。家国情怀教育有助于践行社会主义核心价值观、在中华民族伟大复兴的道路上增强民族凝聚力，让学生树立正确的人生观、价值观，为培养民族精神、时代精神奠定基础，体现国家"立德树人"的要求。

1. 含义

家国情怀是一个人对自己国家和人民所表现出来的深情大爱，这种情感关系可以包括认同感、归属感、荣誉感、责任感、使命感等多项内容，并因此成为爱国主义的根源。不同时期家国情怀的定义都不尽相同，新时代中职生家国情怀是指中职生在传承家国情怀优秀传统文化的基础上，对国家、家庭及党表现出的深沉情感，并自愿承担时代重任，在投身中国梦的洪流中实现自身价值，是一种对时代、对民族的强烈认同感、使命感与责任感。

2. 二级指标点

（1）在情感层面对自己的家庭、家乡、国家的深情厚意

情感是人们实践活动得以展开的催化剂，只有在情感层面自己的家庭和家乡，才能表现出强烈的家国情怀。具体表现为对家庭成员的关心和照顾，对家族传统和价值观的传承和尊重。家国情怀也包括对家乡的眷恋和向往，对家乡的自然景观、文化传统和历史遗产的珍视和保护。人们常常会在离开家乡后，怀念和思念故乡的人和事，表达对家乡的深深情感。家国情怀也延伸到对整个国家的热爱和忧虑。它是对国家的身份认同和社会责任感的体现。人们对国家的繁荣富强、民族团结和社会和谐的向往，对国家面临的困难和挑战的关切，都是家国情怀的表现。教师要通过语文教学增进学生的爱家爱乡爱国意识，真正把学生的爱国主义思想、感情、信念、意志和行为习惯培养起来，从一言一行中体现出对故土家园、民族和文化强烈的归属感、认同感。

（2）与国家民族休戚与共的家国同构

在中国人的精神谱系里，国家与家庭、社会与个人，都是密不可分的整体。家是小的国，国是千万家，"小家"同"大国"从来都是同声相应、同气相求、同命相依。无论是《礼记》里修身齐家治国平天下的人文理想，还是《日知录》中"保天下者，匹夫之贱，与有责焉耳矣"的大任担当，抑或是文天祥"臣心一片磁针石，不指南方誓不休"的忠诚执着，家国情怀从来都不只是感天动地的文学书写，更近乎你我内心之中的精神归属。语文教学应把

握新形势新要求，因势利导，结合学生的特点秉性，因材施教，引导学生以正心诚意、修身齐家为基础，以治国平天下为旨归，把远大理想与个人抱负、家国情怀与人生追求融合。

（3）以百姓之心为心、以天下为己任的使命感

"知责任者，大丈夫之始也；行责任者，大丈夫之终也。"责任和担当，乃是家国情怀的精髓所在。家国情怀本质上是一种精神，只有将这种精神化为实际，它才会具有实际意义。从毛泽东"埋骨何须桑梓地，人生无处不青山"的壮志豪情，到赵一曼"未惜头颅新故国，甘将热血沃中华"的慷慨赴义，再到焦裕禄"心里装着全体人民，唯独没有他自己"的为民情深，他们都把个人价值寄托在对国家和人民的大爱与奋斗中。社会实践是青年成长的沃土和宽广的课堂，广大青年要站在人民的立场上，增强与人民群众的感情，要将"小我"融入"大我"之中，增强使命感，自觉为人类幸福而努力地工作，主动选择祖国和人民最需要的工作领域与地域，无私奉献知识与才华。以伟岸人格承接伟大担当，以家国情怀托举复兴使命，这也正是优秀传统文化教学与传承中所蕴藏的时代课题。

（三）工匠精神

工匠精神是中职语文课程思政的主旋律。习近平总书记指出，要在全社会弘扬精益求精的工匠精神，激励广大青年走技能成才、技能报国之路。全社会都应大力弘扬劳模精神、劳动精神、工匠精神，勤于传承，促进更多青年走上技能成才、技能就业、技能创业、技能报国之路，在建设制造强国的新征程中建功立业、成就梦想。中职学校的语文教师，更应该不停探索，让工匠精神渗透到语文教学中，为培养大批具备工匠精神的技能人才、实现中华民族伟大复兴的中国梦贡献自己的智慧与力量。

1. 含义

工匠精神在每个国家有不同的说法，德国人称为"劳动精神"，美国人称为"职业精神"，日本人称为"匠人精神"，韩国人称为"达人精神"。经过对德国、日本等工匠精神盛行国家的比较研究，以及对我国古今工匠精神的收集整理，大国工匠精神主要是一种对职业充满敬畏、对工作专注执着、对产

品追求精益求精、对服务崇尚极致完美、对人生追求止于至善的价值取向。工匠精神之于工匠个体，主要表现为专注、耐心、执着、创新与奉献等优良素质，是每个从业者在职业生涯中努力具备的优秀职业品质。

2. 二级指标点

(1) 执着专注的敬业精神

执着专注是内心笃定而着眼于细节的耐心、执着、坚持的精神。执着专注体现的是脚踏实地的敬业精神。这是现代社会所倡导的职业精神，也是所有企业和员工生存和发展所必需的潜在动力源。"专心致志，以事其业"，一旦选定行业就不要轻言放弃，勇往直前，厚积薄发，追求突破，在各自领域成为"状元"。在中国早就有"艺痴者技必良"的说法，如《庄子》中记载的游刃有余的"庖丁解牛"，《卖油翁》中记载的"唯手熟尔"的卖油翁等。这些故事无不告诉我们一个朴素而深刻的道理，那就是"心心在一艺，其艺必工；心心在一职，其职必举"。爱岗敬业、执着专注，是中职生学会认真做事必须具备的意识，也是工匠精神的内在要求。

(2) 精益求精的职业品质

精益求精，比喻已经很好了，还要求更好，是现代工匠对每件产品、每道工序都凝神聚力、精雕细琢、追求极致的职业品质。《诗经》中的"如切如磋，如琢如磨"，反映的就是古代工匠在切割、打磨、雕刻玉器时精益求精、反复琢磨的工作态度。"三百六十行，行行出状元"，要教育引导中职生勇敢地担负起属于自己的那份责任，全力以赴，能做到最好，就绝不做一般好，能完成 100% 就绝不只完成 99%，这才是企业需要的工匠精神，也是我们培养合格劳动者所必需的任务。

(3) 探索创新的价值取向

探索创新的价值取向是工匠精神的重要体现。墨守成规只会被历史所淘汰，而只有创新，才能真正推动人类的发展。古往今来，热衷于创新和发明的工匠们一直是世界科技进步的重要推动力量。要践行探索创新，便要提倡独立思考、不人云亦云，提倡不唯上只唯实，提倡批判精神、大胆质疑，提倡解放思想、敢为人先。只有不断探索创新，才能打破惯性思维，达成认知和思想上的新高度，做出重大的发明发现，创造新的价值。创新精神是一个国家和民族发展的不竭动力，也是一个现代人应该具备的素质。

（四）文化自信

文化自信是语文课程思政的核心内容。语文教育作为母语教育，承担着传授知识和传承文化的责任与义务，肩负着实现中华民族文化伟大复兴的重要使命，是树立文化自信的主渠道，亦是"文化自信"教育的主要阵地。在2020年发布的《中等职业学校公共基础必修课课程标准中》，语文课程增加了中华优秀传统文化、革命文化、社会主义先进文化等内容，这也为课程思政进行文化认同教育提供了基础。

1. 含义

文化自信是一个民族、一个国家以及一个政党对自身文化价值的充分肯定和积极践行，并对其文化的生命力持有的坚定信心。这里所说的坚定信心就是指中国人民在对自身文化的认知基础上而形成自觉继承、传扬和发展中华文化的主体意识，即对民族历史、国家和价值的认同感，在自身文化中找到精神和情感的归属感和自豪感，具有凭借中国文化核心价值而展现的生命主体气质、胸襟和气度，对待民族文化既不自卑也不自大。

2. 二级指标点

（1）认同并热爱中华民族的优秀传统文化

中华民族在长期的社会生活实践中，在各民族之间不断的交流与碰撞中，逐步形成了天下一统的国家观、人伦和谐的社会观、兼容并包的文化观以及艰苦奋斗的生活观为主要特征的中华优秀传统文化。这是整个华夏民族的精神文化宝藏，也是坚定社会主义道路、推动经济发展、维持社会和谐稳定的重要文化基石。我们要认同并热爱中华民族的优秀传统文化，以中华优秀传统文化为滋养，助推中国特色社会主义文化繁荣发展。

（2）认同并热爱中国共产党的革命文化

革命文化是中国共产党领导中国人民在伟大斗争中创造培育的文化，它以马克思主义为指导，以"革命"为精神内核和价值取向，继承中华优秀传统文化，借鉴世界优秀文明成果，是具有鲜明中国特色的先进文化。它起源于五四新文化运动和中国共产党成立，形成于新民主主义革命时期，丰富发展于社会主义革命与建设以及改革开放时期。在新的时空条件下，中国共产党的革命文化不断被赋予新的阐释、解读和传播，其价值内涵得以接续转化、丰富和发展。我们要引导广大青年学生认同革命文化、传承革命文化，推进革命文化与时俱进，用其武装头脑，指导实践。

（3）认同并热爱新时代中国特色社会主义文化

党的十九大报告指出，中国特色社会主义进入了新时代，新时代对于文化自信建设提出了更高的要求。新时代，要高扬中国特色社会主义文化自信，强固民族脊梁，就必须坚持以马克思主义为指导，必须用马克思主义中国化的最新成果——习近平新时代中国特色社会主义思想来指导新时代中国特色社会主义文化建设。在教育实践中，就需要不断增强广大青年学生对新时代中国特色社会主义文化的情感认同。

（五）审美意识

审美教育是中职语文课程思政不容忽视的重要内容。语文课本集结了文质兼美的文学作品和实用文章，包容了美的各个领域和各种形态，其中有令人赏心悦目的自然美，有催人奋发向上的社会美，有引人欣羡向往的艺术美，还有启人聪明才智的科学美，简直是一个绚丽多彩的美的世界。加上中职生是有战略意义的美育对象，因而语文教育理应成为综合的美育课堂。

1. 含义

审美意识，是审美活动中，人们对审美对象的能动反映。包括审美的感知、感受、趣味、理想、标准等各个方面。语文审美意识教育指在语文教育中，通过识字、写字、听话、说话、阅读、作文、语文基础知识及其他语文教育活动，使学生学习和掌握基本的审美知识，具有正确的审美观点和健康的审美情趣，培养对语言文字、文学作品的审美感受能力、审美鉴赏能力和审美创造能力。它是语文学科的核心任务，也是语文课程思政的归宿。

2. 二级指标点

（1）树立科学正确的审美观念

结合语文教育的具体内容，让学生了解自然美、社会美、艺术美、科学美等美学的基本形态及其特点，知道优柔美、崇高美、悲剧美、喜剧美等美学的基本范畴及其特征，懂得美感的本质特征（直觉性、新奇性、哲理性、情感性等）和心理因素（感知、想象、理解、情感等），认知形式美的构成因素（色彩美、线条美、形体美、声音美等）及构成法则（整齐一律、对称均衡、对比调和、多样统一等）。语文美育的基本任务是以马克思主义美学思想作为指导，通过审美、创美实践活动，帮助中职树立崇高的人格和正确的审美观，崇尚和追求一切美好事物，反对和摒弃一切丑恶的事物，时时处处以审美的眼光来对待一切。

（2）培育健康向上的审美心理

语文美育的过程实质上就是感知、想象、理解、情感等心理因素以一定的结构方式互相联系、互相推动、互相渗透、互相补充的过程。因此，要求老师把握审美教育的一般心理过程，选择能充分发挥审美功能的教学方式，去培养学生敏锐的审美感知力、丰富的审美想象力、透彻的审美理解力和浓厚的审美情感，从而培养起一种感性和理性融合、情感和理智协调的心理定式，升华学生的心灵境界，使学生的个性和谐、人格完整。

（3）发展较高层次的审美能力

审美能力是指人们发现、感受、理解、评价和欣赏美的能力，即对自然美、社会美、艺术美、科学美的审美价值进行分辨、评定时所必需的感受力、理解力和创造力。在语文教育中，我们教师应用美学的观点做统帅，详尽地分析语文课本中的美育现象，全面挖掘语文课本中的美学问题，培养学生感受认识美的能力、鉴别欣赏美的能力、表达创造美的能力，最终提高学生追求人生趣味和理想境界的能力。

（六）道德品格

"国无德不兴，人无德不立"。聚沙成塔、积水成渊，每个人秉持什么样的道德情操、奉行什么样的人格品质，践行什么样的价值追求，决定着一个社会的文明程度、塑造着一个时代的精神气质。新时代应当是崇德向善、明德惟馨的时代。

1. 含义

什么是道德？道德一词原是风尚、习俗的意思。道德是人类社会生活中所特有的，由经济关系决定的，根据人们的内心信念和特殊社会手段维系的，并以善恶进行评价的原则规范、心理意识和行为活动的总和。现代公民道德品质关涉社会公共生活领域的公民品行、人格与道德要求，体现的是对社会公共生活秩序及其公正性的追求，以及公民在社会公共生活中所应遵守的道德原则与行为规范。公民的品行人格、道德素养、文明水准是整个民族素质的体现，它不仅是一个国家软实力的重要组成部分，而且也是促进人的全面发展，培养现代公民的基本纲领和基本方式。中共中央《公民道德建设实施纲要》已经提出了"爱国守法、明礼诚信、团结友善、勤俭自强、敬业奉献"二十字的公民道德基本规范。

2. 二级指标点

（1）传承和发扬中华民族传统美德

中华民族传统美德，是中华民族精神、民族道德、民族情感、民族礼仪的总称，是中华优秀传统文化的精华。主要体现为两个方面：一是处理好个人利益和国家利益的关系。中国古代的仁人志士历来把国家利益放在首位，舍小家为大家；二是以仁爱宽容为核心的社会道德。仁、义、孝、悌、礼、智、忠、勇、温、良、和、俭、让、恭、宽、敏、惠等道德范畴和博学慎思、自省自律、择善而从等自我修养途径，去其封建社会特定的政治含义，都是具有现实价值的道德范畴。在语文教学中，要重视中华民族的传统伦理道德教育，在认真研究传统道德的基础上，结合新形势、新要求，发掘传统的伦理道德中具有代表性的和有现实意义的东西，作为道德教育的重要内容。

（2）弘扬和践行社会主义核心价值观

社会主义核心价值观是社会主义核心价值体系的内核，它体现社会主义核心价值体系的根本性质和基本特征，反映社会主义核心价值体系的丰富内涵和实践要求，是社会主义核心价值体系的高度凝练和集中表达。十九大报告中指出，培育和践行社会主义核心价值观要以培养担当民族复兴大任的时代新人为着眼点，强化教育引导、实践养成、制度保障，发挥社会主义核心价值观对国民教育、精神文明创建、精神文化产品创作生产传播的引领作用，把社会主义核心价值观融入社会发展各方面，转化为人们的情感认同和行为习惯。

（3）明确并履行社会主义制度下的权利、责任与义务

作为一个公民，要正确行使自己的权利，同时还要自觉履行应该承担的责任与义务。在社会主义制度下，权利与义务相互依存、不可分离、有机统一。作为国家的公民，享有宪法和法律确认的公民权利。同时，也需要履行包括维护国家统一和各民族团结；遵守宪法和法律，保守国家秘密，爱护公共财产，遵守劳动纪律，遵守公共秩序，尊重社会公德；维护祖国的安全、荣誉和利益；保卫祖国、依法服兵役和参加民兵组织；依法纳税等公民义务与责任。

（七）身心健康

中职教育扮演着技术人才培养基地的角色，是我国民族创新、经济发展的根基。中职教育不仅要考虑学生的专业技能培养，同时也要正确地引导，让学生形成健全的人格、品质。中职学生正处于心理成长的关键时期，有着青春期所特有的心理动荡，加上疫情期间，学生面对的各类信息，对自身的心理会造成诸多的影响。基于语文学科的特点，将对学生的身心健康教育渗透到语文教学之中，是提高学生心理水平的一个重要途径。

1. 含义

心理健康是指在心理上有自我控制的能力，能正确对待外界的客观影响，并能平衡自己的心态。在生活实践中，能够正确认识自我，自觉控制自己，正确对待外界影响，从而使心理保持平衡协调，就已具备了心理健康的基本特征。一个学生只有具备了健康的心理，才能健康地成长，才能正确地面对学习、工作与生活中遇到的问题。健康的心理是学生学好专业知识的基础，也是学生在激烈的竞争中获胜的法宝。

2. 二级指标点

（1）良好的学习态度和学习习惯

学习是学生的主要活动，也是帮助学生培养良好心理素质的途径和方法。传统的教学模式片面地强调分数，取得好成绩是学习活动的重心，这种目标导向严重干扰了学生心理健康的良好发展。因此，我们在教学过程中，应遵

循学生的心理发展规律，把重点放在关注学生的发展上，根据每个学生的学习情况和个性特点，为他们制定发展计划，创设丰富多彩的学习活动，激发学生的求知欲，培养学生良好的学习态度与学习习惯，使学生从语文学习中获得满足感，从语文学习中增进体脑发展，增强学习的主动性和自觉性，全身心地投入到学习生活中，体验到学习的快乐，把学习变成一种内在的自我发展的过程。

（2）良好的人际交往和合作能力

中职生在人际关系和心理健康方面面临着许多挑战。他们处于青春期的阶段，正在逐渐成长为独立的人，同时也需要适应社会和学校环境的变化。中职生可能面临与同学、老师、家人和朋友之间的交往问题，处理错综复杂的人际关系的能力直接体现了其心理健康水平。语文教学应该通过教学或特定的社交技巧培训来帮助学生发展良好的人际交往技巧，创设丰富多彩的教学活动，建立一个积极和健康的学习环境，为学生提供各种参与社交活动和团队合作的机会，以促进他们的人际交往和合作能力的发展。

（3）良好的自我管理和调节能力

中职生的自我管理是他们成长和发展的重要组成部分。心理健康的人了解自己，并悦纳自己。"人贵有自知之明"，心理健康的人能正确客观地认识自我，了解自己的兴趣、优势、价值观和目标，能够识别自己的情绪和需要，并能够反思和评估自己的思维方式及行为模式。他们有强烈的内在动力，并相信自己能够实现目标和克服困难。他们能够有效地识别、理解和管理自己的情绪，并寻求适当的方式来调节情绪，能够灵活地应对生活中的变化和压力，并从困难和挫折中学习和成长。教师、家长和学校可以共同合作，为中职生提供必要的支持和资源，以帮助他们建立积极、健康和全面的自我形象。

（八）全球视野

1. 含义

当今我们所处的环境并不是真空和封闭的，而是处在一个全球化和国际化的时代背景之中。我国与全球国家的联系比以往更加紧密，在文化、经济、政治等各方面与世界各国发生着极为广泛的交流与碰撞，从而也对上至国家政策、下至民众的日常生活产生着重要影响。构建全球视野，便是要求人们在考虑问题时能够从全局着眼，以世界为视域，在世界格局中思考、理解与解决中国问题，并在与世界的沟通交往中理解并认同具有中国特色的政治体制与知识体系。

2. 二级指标点

（1）了解国际政治体制与文化差异

了解各国不同的政治文化以及形成的不同基础，并根据各国自然与社会情况，了解不同国家的经济生产方式和经济形态，并在此基础上，深入了解各国社会政治和生活结构。此外，世界上不同民族、不同国家也都有自己独特的文化，这种国际文化多样性是不同国家的重要标志，"和而不同"是我们在体会世界文化的差异和多姿中需要秉承的态度。

（2）具备基于全球变化与国际差异的思维视角

国际局势和全球形态时时发生着变化。在马克思主义哲学原理中，一切皆是运动、变化和发展的，因此，我们需要能够在全球变化的环境背景之中以多视角、多角度思考和考虑问题，并结合不同国家、国际组织和地区之间的差异，形成多元化思考问题的角度。

（4）以全球视野看待并参与社会主义中国的建设

在当前全球一体化的世界中，中国的问题必然和世界局势密切相关。在考量并参与中国特色社会主义建设中，如果仅仅囿于国内的环境和视野，就会使得中国特色社会主义的建设脱离全球化背景的视角，而变成一种囿于自身的演绎，走进世界的死角。因此，这就要求当代社会主义中国青年具备开阔的全球视野，站在中国特色社会主义建设的立场上，在国际纵横比较中看待与理解中国问题，参与国家建设，并从中了解中国特色社会主义制度理论体系的强大生命力。

第五章

中职语文课程思政教学设计"六步走"

　　精彩的课堂教学一定是经过设计的，而不是信手拈来的。每一个貌似信手拈来的故事背后都是煞费苦心的准备。课堂里每一个精彩的瞬间都是教学设计打磨的结果。所以教师需要不断地学习，不断地钻研课程、打磨教学设计。与思政课程惊涛拍岸式的显性教育不同，语文课程思政是一种隐性教育，通过把思政资源融入课本知识的讲授中，潜移默化、润物无声地对学生进行思想引领和价值引导。这在教学设计上提出了更高的要求，需要更高水平的教学技能：无设计、无思政，无情境、无思政，无共鸣、无思政，心到之处即思政。

一、教学设计上的"教—育—学"相统一

（一）什么是教学设计

　　教学首先是"教"和"学"的统一，教师和学生作为教学活动的主体，缺少任何一方都不能完成教学，缺少任何一方的积极参与，都难以形成互动的教学过程，难以达到良好的教学效果。

　　教学设计是根据课程的标准要求和教学对象的特点，对教学诸要素进行有序安排，以确定合适的教学方案的设想和计划。教学设计一般包括教学目标、教学重难点、教学方法、教学步骤与时间分配等环节。

（二）在教学设计上如何达成教与学的统一

教师教了什么，学生学到了什么，这两者经常是不完全对等的。如何在教学设计上进行改进，使教与学达成统一呢？我们用表 5-1 来展现教学的设计思路。

表 5-1　教学的设计思路

课程（名称）				
知识点				
教学目标	教学素材	课堂教学实施	学习成效	教学反思
教什么	拿什么教	如何教	教得如何	持续改进
学什么	拿什么教	如何学	学得如何	持续提升

从表 5-1 中可以看出，从课程知识点出发，一个完整的教学设计涵盖教学目标、教学素材、课堂教学实施、学习成效、教学反思等。教学目标解决"教什么"的问题，教学素材解决"拿什么教"的问题，课堂教学实施解决"如何教"的问题，学习成效检测"教得如何"的问题，教学反思有助于教学设计的持续改进。这是从教师主体出发，围绕课程知识重难点进行教学设计的思路。

教学设计要达成教与学的统一，教师还要换位思考，从学生主体的角度思考学什么、拿什么学、如何学、学得如何、如何持续提升等问题。

（三）课程思政在教学设计上如何达成教与育的统一

课程思政的教学设计，就是在如表 5-1 所示的教学设计思路上增加一层课程育人的目标，进行有意、有机、有效的思政目标的设计和实施，达成教与育的统一。

教师在教学设计上要进一步思考：在知识传授中能对学生的情感领域实现怎样的影响，能够育什么？设计教学目标解决"育什么"的问题，也就是课程思政目标。如表 5-2 所示，根据思政目标，精选教学素材解决"拿什么育"的问题；设计课堂教学实施活动解决"如何育"的问题；做好学习成效反馈，检验"育得如何"的问题；及时进行课程思政教学反思，进行教学设计的持续。

表 5-2　课程思政在教学设计中的体现

课程（名称）				
知识点				
教学目标	教学素材	课堂教学实施	学习成效	教学反思
教什么	拿什么教	如何教	教得如何	持续改进
育什么	拿什么育	如何育	育得如何	持续改进
学什么	拿什么学	如何学	学得如何	持续提升

从这个设计思路可以看出，课程思政是知识体系"教"和价值体系"育"的统一。

二、课程思政教学设计"六步走"

语文课程思政教学设计的总体思路是：课程教学设计中要立足学生身心发展和现实能力，结合语文学科核心素养，挖掘和提炼课程的思政育人元素，选取贴近实际、贴近生活、贴近学生现实的思想政治教学素材；充分运用现代信息技术有机融合思政教育资源与语文知识，将这些生动、感人、具有真实思想教育效果的教学素材，以学生喜闻乐见、易于接受的方式融入课程知识传授中，提升语文课程的广度、深度和温度，实现课程既教书又育人的效果。

从教学设计的总体思路出发，归纳出语文课程思政教学设计"六步走"：第一步钻研课本知识点，聚焦思政目标；第二步挖掘凝练思政元素；第三步精选思政教学素材；第四步设计课堂教学活动；第五步检验学习成效；第六步教学反思和持续改进。

整体是由各部分组成的，语文课程是由具体的每单元、每一篇章构成的。当教师掌握了一个具体篇章具体知识点的教学设计思路和步骤，无数个知识点就串联成整门课程，形成整门课程的课程思政教学设计。

语文课程思政教学设计的思路紧紧围绕"聚焦""具体""深挖"三个关键词展开，接下来详细讲解语文课程思政教学设计的"六步走"。

（一）钻研知识点，聚焦思政目标

1. 钻研课程知识点

知识点是教学中最基本的单元、最具体的内容。教师对课程知识尤其是知识点的研究和掌握，能有效提高教学成效。教学设计前，教师要对知识点有明确而具体的掌握。

2. 聚焦思政育人目标

（1）明确语文课程的整体育人目标

按照语文课程标准的要求，语文课程的总目标一般按照三个维度表述的，即知识与能力目标、过程与方法目标、情感态度与价值观目标。课程思政属于价值观目标领域的维度。语文课程承载着对学生进行价值引领、情感教育的育人目标，即课程思政。习近平总书记在全国高校思想政治工作会议上的讲话指出：所有课堂都有育人功能，不能把思想政治工作只当作思想政治理论课的事，其他各门课都要守好一段渠、种好责任田；要把做人做事的基本道理、把社会主义核心价值观的要求、把实现民族复兴的理想和责任融入各类课程教学之中，使各类课程与思想政治理论课同向同行，形成协同效应。从中我们可以总结出语文课程思政的三个核心育人目标：①做人做事的基本道理；②社会主义核心价值观；③实现民族伟大复兴的理想和责任。这是课程思政的整体目标，有一个逻辑递进层次。

（2）深挖课文篇章的思政育人目标

布卢姆（Bloom）把教学目标分为知识领域目标、技能领域目标、情感领域目标。教学目标有三个导向作用：①指向作用，使学生把注意力集中到与目标有关的问题上；②机理作用，能启发、引导学生的学习动机、兴趣与意向；③标准作用，目标成为检查教学效果的尺度，反过来，教学效果成为评价教学目标的合理性、完成度的依据。

围绕课程总目标，每一个篇章知识点有各自的教学目标。各具体篇章具体知识点的教学目标也有知识、方法、情感三个维度。思政目标是价值观领域的目标。在教学设计中，思政目标表述要具体，能融入知识目标和方法目标之中；思政目标要大小适中，与知识点相匹配、相呼应，有可检测性。需要注意的是：结合具体章节具体知识点，思政目标应具体、适中，不宜过大。

（3）思政目标紧跟语文课程知识，体现契合度

思政目标紧跟语文课程知识。教学设计出发点是语文课程知识，思政目标不是凭空捏造、无中生有，也不是任意发挥、无限量拔高，思政目标应紧跟语文课程知识。通过设计，实现教学中语文课程知识与课程思政的统一。课程思政是紧跟语文课程知识、依托课程知识的有的放矢，是非常具体和聚焦的。

（4）思政目标要遵循学生思想成长需求规律，体现高阶性

职业学校课程思政目前还处于起步阶段，我们可以借鉴高校的成功经验与做法。《高等学校课程思政建设指导纲要》中指出：围绕坚定学生理想信念，以爱党、爱国、爱社会主义、爱人民、爱集体为主线，围绕政治认同、家国情怀、文化素养、宪法法治意识、道德修养等重点优化课程思政内容供给，系统进行中国特色社会主义和中国梦教育、社会主义核心价值观教育、法治教育、劳动教育、心理健康教育、中华优秀传统文化教育。

根据学生思想成长需求规律，对上述思政目标进行层级分类。可以分为以下四类：一是学科方法教育，这里指语文学科的一般方法和具体方法；二是道德和责任教育，主要有社会公德、职业道德、家庭美德、个人品德、社会责任、家庭责任等的教育，以及宪法法治教育、劳动教育、心理健康教育等；三是价值观教育，主要指社会主义核心价值观、中国优秀传统文化教育等；四是理想信念教育，主要是坚定共产主义远大理想和中国特色社会主义共同理想。

（二）挖掘凝练思政元素

在教学设计中，思政目标通过思政元素来展现和实现。根据知识点挖掘凝练思政元素。那么，哪些是思政元素呢？不同学校都有各自的校史、校风、校训、教风、学风、校貌等，这些都蕴含着育人的元素。

要根据不同学科的性质特点，对思政元素进行分类，把握好所要挖掘拓

展的重点。语文课程要突出培育高尚的文化素养、健康的审美情趣、乐观的生活态度，注重把爱国主义、民族情怀贯穿渗透到专业课教学中，引导学生树立起文化自觉和文化自信。现阶段，主要要引导学生从历史与现实、理论与实践等维度深刻理解习近平新时代中国特色社会主义思想；要结合语言和文学知识教育引导学生深刻理解社会主义核心价值观，自觉弘扬中华优秀传统文化、革命文化、社会主义先进文化。

（三）精选思政教学素材

聚焦思政目标，凝练思政元素后，教师在备课中需要寻找、选择思政教学素材。什么是思政教学素材呢？思政教学素材是指有助于实现思政目标的故事、历史典故、社会现象、人物事迹等教学素材。根据第四章讲述的八个维度的思政元素，结合语文课程的特点，深挖专业知识中的思维方法和价值理念，寻找与之相匹配的思政教学素材。

在课堂教学中不能只是简单地重复思政目标，而是要利用具体的思政教学素材设计教学活动，让学生真切感受课程思政元素。例如，2020年以来，面对新冠肺炎疫情防控，许多教师在网络教学中融入了对家国的担当、对自然的敬畏、对生命的珍爱、对人类命运共同体的共识等思政教育。这些思政教育通过疫情防控中涌现出的大量生动、真实、感人的事例，很好地达成了思政育人的效果。

思政素材的选择应围绕思政点，重视科学性、客观性、典型性，贴近学生、贴近生活、贴近专业知识，鼓励结合地域特色、校本课程特色精选思政教学素材。例如长乐职业中专学校语文老师就善用课文中的文学典故，福建红色文化资源，冰心、林觉民、郑振铎等家乡名人故事，海纳百川、敢拼会赢的福建精神等优质教学资源，建设"大思政课"教学素材库。用故事讲道理，用道理说现象，用现象做素材，使思政育人从内容到形式全部"活"起来。思政教学素材的建设是集体共创与个人精选相结合的过程，由易到难、由浅入深，结合知识点，从真人、真事、真理入手，逐渐升华。

（四）设计课堂教学活动

课堂教学活动主要指通过一定的教学方式和手段，使思政教学素材有效融入课堂知识教学。有效组织教学活动，让学生动起来，让课堂活起来。课堂教学活动设计涵盖课堂导入、课中融入、课后反思、课堂教学情境设计、教学方法和手段的使用、思政元素的呈现和引导等方面，贯穿于课堂教学全过程。教学活动的形式多种多样，有课前热身、任务驱动、操作演练、辩论讨论、模拟采访等。

1. 做好学情分析

教学活动不仅表现在教师"教"的活动上，也体现在学生"学"的活动上。要实现思政育人目标，设计教学活动前要准确把握学生特征，做好学情分析。在进行课程教学设计时，要了解和把握学生的真实学习目的、学习动机、已有知识技能、知识认知规律，探究学生思想政治信念的成长需求和规律。

2. 重视教学活动情景设计

课程思政教学活动的选择和设计要遵循思政教育的逻辑理路，重视教学活动情景设计。课程思政教学情景设计能为学生营造一种生动活泼、思维活跃、平等和谐、积极参与和探索的教学氛围和教学情境，利用一切积极因素，克服不利因素，争取最大合力。

3. 灵活运用教学方法和手段，重视教学活动的引导和升华

课程思政通过课堂教学活动引导学生主动参与教学，积极思考，勤于探究，乐于实践。要灵活运用各种教学方法和手段，如任务引导教学法、奖励教学法、案例分析法、小组合作讨论法等，对教学活动进行引导、拓展和升华，激发学生对思政教学资源自觉学习、主动思考、深入探究的内驱力。

（五）检验教学成效

课程思政是一种隐性教育，与思政课程的显性教育不同，课程思政是在专业知识传授中融入思政元素，潜移默化、润物无声。怎样才能达到"春风化雨、润物无声"的效果呢？简单地说，就是通过教学设计，将思政元素自然融入课程知识教学，学生能自然接受，认为就是课程的一部分，能够引起学生的情感共鸣，能够有效地激励学生产生学习内动力，能够有效促进学生对思政元素的理解、掌握、拓展和运用。

教学成效包含两层意思：教的成效和学的成效。教师教了，不等于学生学了；学生学了，不等于学生学会了。所以，课堂教学成效的检测根据检测重点的不同具有不同的检测形式和内容。如何检测课堂教学成效呢？

从教师教的成效层面，可以通过同行听课评价、学生问卷调查、教务处教学测评等途径进行检测。

从学生学的成效层面，可以通过在教学活动中考查、反思性学习心得和总结等来检测。通过课堂教学活动中学生的参与态度、参与能力、参与成效考查学生情感领域的状态和变化；通过反思性学习心得和总结，关注学生学习态度、学习能力、学习效果的状态和变化。

（六）教学反思和持续改进

教学反思是指教师对教育教学实践的再认识、再思考，并以此来总结经验教训，进一步提高教育教学水平。教学反思一直以来是教师提高个人业务水平的一种有效手段。教师从课堂教学实践中反思课程思政的教学设计，分析教学设计的亮点和不足，从而可以进行持续改进和提升。

有效提升课程思政教学设计能力，需要教师不断地反思自己的教学实践。反思类型有纵向反思、横向反思、个体反思和集体反思等，反思方法有行动研究法、比较法、总结法、对话法、录像法、档案袋法等。

针对课程思政教学设计的反思，可以围绕以下几个方面展开：

在教学目标凝练上，侧重反思思政目标与课程知识是否契合，能不能体现课程思政知识传授和价值引领的双重功能。

在思政素材选取上，侧重反思思政素材蕴含的育人因素是否能有效支撑思政目标，对思政目标的实现是否起到重要的支撑作用。

在教学活动设计上，侧重反思教学活动思路是否清晰、立意是否新颖，思政元素融入课堂是否科学、合理、流畅。

在教学效果检测上，侧重反思课堂教学是否达成思政目标，有效提高学生学习兴趣和学习能力，是否促进学生对课程知识在情感领域的认同。

在教师素质上，侧重思考教态是否自然，仪表是否端庄大方，精神是否饱满，讲解是否有激情、有亲和力，逻辑是否严谨，表述是否规范，是否呈现出良好的专业素养、科学精神、人文情怀等。

第六章

中职语文课程思政教学评价体系构建

教学评价是任何学科、专业教学体系的有机组成部分，承担着控制教学质量、评估教学成效、监督教学过程、推动教学改革等重要职责，为一线教师和教学管理部门所高度重视。当前，基于专业课程的课程思政教学改革正在全国如火如荼地推广。然而，无论在理论界还是一线教学过程中，如何进行专业课程的课程思政教学评价，至今尚没有一套系统的理论与操作策略，这已成为广大一线教师和教学管理部门推动与落实课程思政教学的关键瓶颈。为此，笔者根据近年来的课程思政一线教学经验，提出语文课程的课程思政教学评价体系构建的一些看法，供广大语文相关课程的一线教师和教学管理部门参考使用。此外，由于课程思政教学在不同学科之间具有一定的相通性，语文课程的课程思政教学评价的理念、标准与实施策略也完全可以供其他学科借鉴和参考使用。

一、课程思政教学评价的功能定位与目标

与一般课程的教学评价类似，中职语文课程的课程思政教学评价同样包含以下功能：一是控制教学质量；二是评估教学成效；三是监督教学过程；四是推动教学改革。基于这些功能定位，中职语文的课程思政教学评价系统的功能定位与目标应包括以下内容：

诊断功能：评价可以用于了解学生在思想政治素养和语文能力方面的现状和发展需求。通过评估学生的语文阅读、写作、表达和批判性思维能力等

方面的表现，教师和教育管理者可以了解学生的关键问题和不足之处，为个性化的语文课程思政教学提供指导和支持。

反馈功能：评价可以提供学生在思想政治素养和语文能力方面的反馈信息。学生可以了解自己在语文和思政素养学习中的优势和进步，同时也能了解自己在语文阅读理解、文学鉴赏、语言表达等方面的不足之处。教师可以通过评价结果，向学生提供针对性的建议和指导，帮助他们提升语文素养和思想政治素养。

激励功能：评价可以激发学生对语文学习和思想政治教育的兴趣和积极性。通过公正、准确的评价方式，学生可以得到对自己努力的认可和成绩的肯定。这种正向的激励可以激发学生更加热爱语文学科，促进对优秀文化传统和社会主义核心价值观的认同和理解。

质量改进功能：评价可以用于评估和改进语文课程思政教学的质量。教师和教育管理者可以通过评价结果，了解语文教学过程中的问题和不足，优化教学方法和教材选择，提升语文教学的效果和实效。评价结果也可以为语文课程思政教学改革提供参考，推动语文素养和思想政治素养的有机融合。

二、课程思政教学评价特点

课程的教学评价体系必须符合相关课程的教学特点，中职语文课程的课程思政教学评价体系也必须符合中职语文课程的课程思政教学特点。和其他专业课程的课程思政教学一样，中职语文课程的课程思政教学也具有课程思政的一些共性，包括：教学内容隐性化，教学形式多样化，教学方法个性化，教学目标重在构建政治认同、塑造积极三观、磨练品性、陶冶情操，而不强调对思政知识性内容的机械记忆等。除了这些课程思政的共性特点之外，中职语文相关课程的课程思政教学还有着基于学科特色的教学特点，主要包括：

综合性：课程思政教学评价不仅评估学生的语文能力，还评估学生的思想政治素养。它综合考查学生在语文学科中的阅读理解、写作表达等能力，同时也关注学生对思想政治理论和社会主义核心价值观的理解和掌握程度。综合性评价能够更全面地了解学生的综合素质。

针对性：课程思政教学评价需要根据语文课程中融入思政教育的特点和目标，设计符合要求的评价内容和方式。评价内容应该涉及学生对思想政治内容的理解和运用，以及语文能力在思政教育中的表现，如对文学作品的鉴赏、对文化传统的理解等。评价方式应注重展示学生的思考和创造性，如开展小组讨论、写作任务等。

实践性：课程思政教学评价强调学生的实际思政实践。评价要求学生在课堂实践中展示思政素养和语文能力。例如，在阅读课文时要求学生对思想政治内容进行思考并进行批判性分析，或者在写作任务中要求学生运用批判性思维和社会主义核心价值观来表达自己的观点。

发展性：课程思政教学评价注重对学生发展的关注。评价不仅是对学生已有水平的判断，更应该是对学生发展潜力的预测和引导。评价结果应给予学生针对性的建议和指导，帮助他们进一步提高思想政治素养和语文能力。

多元化：课程思政教学评价应采用多种评价方法和工具。除了传统的考试评价方式外，还可以使用开放性题目、项目作业、小组讨论、口头报告等形式进行评价。多元化的评价方式能够更全面、客观地了解学生的综合素质和思政教学效果。

三、课程思政教学评价理念

根据课程思政教学的特点，课程思政的教学评价与专业课程的教学评价所遵循的理念也必然有所不同。

（一）忌机械

从课程思政改革的初衷出发，课程思政的教学目标重在对青少年学生思想品格的熏陶与塑造，要求以"润物细无声"的教学方法，不拘形式、巧妙而灵活地将思政内容"基因式"地融于专业知识的教学之中。这就意味着在学科课程的教学中，课程思政必然是一种隐性教学，并可能以多种形式和形态存在于专业课程的各个环节之中。此外，由于不同教师对学科知识的理解、拓展以及教学风格存在很大差异，其人生经历和生活感悟也各不相同，这必然导致不同教师即便对于同一堂课、同一个知识点的课程思政设计和教学方式也会大相径庭。因此，对于课程思政的教学评价，决不能机械而生硬地对教学形式、教学内容进行限定，应当鼓励教师发挥主观能动性，不拘一格地采用灵活巧妙的课程思政教学方式，以实现"春风化雨"、"润物无声"的教学效果。

（二）倡综合

课程思政的精髓在于教学过程的隐性化、立体化和多样化，在教学过程的每一个环节或任何一种教学方式都可以进行课程思政教育。课程思政，决不能成为一种形式单调而范式化的教学形式。优秀的课程思政教育需要教师能在一门课的教学过程中，综合采用多种教学方式，综合使用多个学科知识点，综合选择多个教学环节进行思政元素的渗透和熏陶，实现复合的课程思政元素在课程教学中的全面体现。由此，课程思政的教学评价应当重点考查课程思政教学内容和教学策略的综合性，其本质在于借此鼓励并倡导教师拓宽课程思政教学思路、采用多样化的教学案例和教学方法，将课程思政全面融入专业教学的各个环节，形成综合立体的课程思政教学体系，避免课程思政教学在内容和教学方法上的单调与刻板。

（三）重感悟

课程思政教学重在对青少年学生思想品格的塑造，而不是思政知识的灌输。因此，课程思政教学的全部教学设计与方法，都应当重在引发同学们的思想和情感触动，从而实现思政元素的入脑入心。所以，对课程思政教学进行教学评价，无论是教师的自我评价还是教学同行和教学管理部门的外部教学评价，务必遵循课程思政的教学精神，感悟教学过程和教学方法对同学和评价人员思想情感的触动，并以"感悟"的质量与程度作为评价的重要标准和内容。

（四）观实效

尽管课程思政教学是一种"隐性教学"，其教学成效未必能用客观知识的考核加以评价。但是，成功的课程思政教学必然会引导青少年学生形成积极而正确的三观以及高度的学习自信与自豪感。这些思想品格和学习态度的转变，也必然会反映在学生对待教师、对待学习、对待专业和对待外部世界的态度转变上，进而促进学习成绩的提升和对社会关注度的增加，这些才是课程思政与学科课程教学有机融合后所应该达到的真正成效。因此，课程思政的教学评价，需要着重考查同学对专业学习的态度和成绩变化，考查学生对教师教学风格和教学过程的认可度，考查课内外学生对国家社会发展的关注度和认同感，这才体现出课程思政教学评价的真正内涵和符合专业教学特点的务实性。

四、课程思政的教学评价标准

所有的规范化教学都应该包含基本的教学要素。一般而言，规范化的课程教学的基本要素除教学的主体——教师和学生之外，还包括：教学目的、教学内容、教学环境、教学方法、教学手段、教学考核。这些也是所有教学评价的重要评价内容。尽管课程思政教学与一般的专业课程教学在教学内容、形式上均存在较大差异，但是其所应含有的教学要素则与一般专业课程的教学要素类似。从教学评价的角度出发，本书提出课程思政教学的基本要素评价标准，可概括为以下六条：

教学目标具体明晰。教师在开课之前的备课过程中，应该根据本课程或本次课的专业教学内容，思考并设计课程思政教学目标，同时明确本课程或本次课的课程思政教学目标所涉及的思政维度，并根据思政维度分级进一步细化本课程或本次课的课程思政的二级育人目标。中职语文课程的课程思政维度划分，参见本书前述章节。

教学内容合理准确。教师在备课过程中，要在教案中明确列出本课程或本次课的思政元素以及相关联的具体专业知识点或教学案例，并明确所涉及思政元素的具体教学内容。教师还必须慎重考虑课程思政内容在本课程或本次课中所占份额的合理性，不能影响课程内容的教学质量。教师还应当通过对思政、哲学、法律等专业文献书籍的阅读对照，做到课程思政教学内容符合国家方针政策，正确而准确。

教学情境真切感人。中职语文课程的教学环境较为单一，教师需要事先预判本课程或本次课的教学环境对学科教学和课程思政教学的有利与不利影响，在备课过程中根据课程内容，主动设计与营造有利于课程思政教学的真切情境与熏陶氛围，促进思政内容动人动情、入脑入心。

教学方法灵活巧妙。教师需要在备课过程中针对本课程或本次课的学科知识与思政元素的特点，事先设计课程思政教学方法，明确这些课程思政元素在教学过程中的具体教学形式、方法与边界，做到合理、巧妙和灵活多样。课程思政的教学方法必须注重实效，既要让这些事先设计的思政元素在课程教学中得到充分的传达以及对同学们思想心灵的熏陶，又要避免因为课程思政而干扰专业教学。

教学手段数字赋能。教学手段数字赋能是指利用数字技术和资源来增强教学过程中的效果和效率。它可以提供更多课程思政的教学资源和工具，帮助教师提供个性化和互动性更强的学习体验，使学生更加积极主动地参与学习。特别是数字技术还可以收集和分析学生的学习数据，如答题情况、学习进度等，用于评估学生的学习状况，并提供个性化的学习建议和指导。教师可以根据学生的学习数据进行差异化教学，满足不同学生的学习需求。教师应该充分探索和应用数字技术，以更好地满足学生的学习需求。

教学考核细腻无形。课程思政的考核应不同于思政课程的传统考核方式，不建议用以知识性的思政内容进行考试，而应与课程思政的改革精神与育人目标相匹配，以"隐性考核"为主体思路，将课程思政的"育人成效"考核以融盐入汤式的方法，细腻无形地融于专业课程的过程性与结果性评价之中。比如，借由精心设计的课堂汇报、课堂讨论或课后作业，考查学生对不同思政维度的理解与接受度；在期中期末考试中，将思政元素融入开放性考题等。

以上的这些中职语文课程思政教学基本要素，是中职语文课程开展课程思政所必须考虑并纳入在内的。这些基本要素是否齐全，是否准备充分，是否考虑或执行得当，便是课程思政教学评价所主要考查的基本内容。

五、基于课程思政的教学评价策略

教学评价是对任课教师和教学成效的检验与建议，在一般的专业课程中，其评价策略一般可分为内部评价与外部评价。内部评价一般采用教学测验和问卷调查等形式，其评价结果可供教师自身参考使用。外部评价则往往来自同行、教学督导和教学管理人员，通常采用听课或管理部门的课程评价信息化数据统计等策略进行。由于课程思政教学的教学成效往往很难用知识性测试来进行评价，因此课程思政的教学评价策略必然与传统的教学评价策略有所差异。在此，仅提出几种适用于大部分学科的课程思政教学评价策略，并做简要论述，供同行与教学管理部门选择与参考。

（一）基于课程学习的评价

课程思政是立足于课程的隐性思政教学，课程思政绝不能干扰课程教学，甚至影响学生对课程知识的学习成效。事实上，理想的课程思政教学应该激发同学们对课程学习的热情，培养他们基于学科核心素养的职业担当和责任感。因此，课程思政教学的一个重要评价方向，必须定位于学科学习的成效。无论是教师为主的内部评价，还是同行和教学管理部门为主的外部评价，评价者都必须以敏锐的观察力，通过课堂表现与课程考试成绩分析，判断课程思政教学对学生学科学习态度和学习成效的影响。如果课程思政教学反而干扰甚至损害了学科教学，那是对课程思政精神的严重违背，因此，学生对课程学习态度的下降和学习成绩的下滑应当成为课程思政评价中高权重的负面指标。

（二）基于课程思政特点的评价

除了基于学科学习的评价，本书也提出若干针对课程思政教学本身的评价策略，包括基于教学要素整体性评价体系、融于学科考核的思政考核评价、主观描述性反馈评价、量化问卷评价和长期跟踪评价等。这些评价策略既可单独使用，也可综合搭配使用。以下，对各策略做简要论述并适当举例说明：

基本教学要素评价体系。"教学目标具体明晰、教学内容合理准确、教学方法灵活巧妙、教学情境真切感人、教学考核细腻无形"是前述小节中提出的教学评价标准。包括教师自身在内的评价者可以按照上述相应标准，根据自身或本单位情况，对教学目标、教学内容、教学方法、教学情境设置和教学考核的手段进行定性或量化评价，通过检查教学大纲和教案、随堂听课、分析教学反馈等方法，因地制宜，建立覆盖教学全过程的课程思政评价体系。

融于专业考核的思政考核评价。学生是否理解、认同并接受教师在课程思政教学中所传递和强化的思政元素，是检验课程思政教学的重要评价内容。因此，有针对性的测试和考查是必要的。由于课程思政是融合于学科的隐性教学，相对应地，教师对课程思政的教学考核也应该是隐性的。教师可以在专业的过程性考核（课堂汇报、课后作业、教学讨论）和期中、期末测试的结果性考核中，将思政元素融于学科考核之中，设计兼具学科考核和思政考核的巧妙作业或考题，从中评价课程思政教学的有效性。

主观描述性反馈评价。课程思政教学是以引导并影响青少年学生的思想品性为主要教学目标的，由于学生们的思想觉悟、认知水平、性格习惯、生活背景存在很大差异，课程思政的教学成效在不同同学中的表现也会有所差异。因此，主观描述性反馈是课程思政评价的一种实际可行的评价方式。无论是任课教师还是教学管理部门，都可采用不同形式收集同学们对本课程或者本次课的描述性评价，并从一定数量样本的描述性反馈中分析出教师的课程思政评价的优缺点和效果。从具体操作角度，教师可以在重要教学环节结束后，或者期中、期末布置并收集同学们对于课程教学、学科必要性和学习本学科意义等具体问题的实名或匿名评价，教学管理部门可以借助信息化平台收集选课同学的文字评教记录。成功的课程思政教学，其成效往往会表现在同学们的文字评价中。一般而言，这些文字评价，往往含有同学们对本课程教学影响他们认识国家、认识学科、认识自我等方面的个人感悟。这些感悟在一定数量的文字反馈样本中的出现频率和感悟内容、深度，经过和课程思政八维度体系的对应对照，并经过合适的数据处理，便可以非常直观地体现出课程思政教学的成功与否。

量化问卷评价。问卷调查是常用的教学评价方式。在课程思政的教学评价中，问卷调查也是一种可以补充使用的教学评价方法。评价者可以设计一系列符合本课程特点的，以调查学生是否感受到、理解、认可和接受课程思政内容为主要目标的问题，在课程结束后进行匿名的问卷调查，并根据调查结果进行数据分析。这种分析方法，特别适用于班级之间的课程思政教学评价比较。它既可用于分析平行班之间不同教师的课程思政教学模式差异，也可以比较同一教师所负责的不同班级学生对课程思政接受和认可程度的差异。此外，建议此量化问卷评价应该在课程结束后进行，以避免在授课期间学生因为调查问卷而刻意寻找教学过程中的思政元素，反而干扰课程思政"融盐入汤"式的教学模式。

总之，包括中职语文课程在内的课程思政教学，重在"融盐入汤"。"春风化雨"，其教学形式不拘一格，灵活多样。因此，根据不同单位的实际情况和不同教师的个人风格，课程思政的教学评价也必然呈现出丰富的操作形式与策略。只要紧紧抓住课程思政的改革初衷和精神，紧扣课程思政的教学评价基本原则，制定符合实际教学规律的评价策略，课程思政的教学评价工作便能真正发挥其应有功能，保障课程思政的教学质量，推动课程思政的深入改革，全面而规范地促进课程育人。

第七章

开展课程思政对中职语文教师提出的要求

在我们的语文教学中，存在着一种误区：认为民主式的课堂教学方式、研讨式的教学手法、民主与尊重、教学互动、关爱呵护等等，是小学教育的"专利"，中职课堂教学还要重复这"小儿科"吗？由此，许多语文教师长期形成了一种对学生关怀的惰性心理，只管传授知识，却没能放眼课堂教学中的主体，少了对学习主体的商讨和切磋、关爱与引导。

其实，中职课堂教学不仅不能削弱这基础教育的"专利"，相反地，必须加大这方面的力度，给予学生更多的人文关怀。

因此，课程思政不仅体现在从优秀文学作品中获取丰富的人文精神、思想品质，还要体现在我们的语文教师在课堂教学中用自己从传统文化中获得的人文精神的感悟，去感染、教化、训导自己的学生，给予学生更多的人文关注，促使学生能因为我们育人者更多的关注和呵护而能健康成长，并在潜移默化中自然而然地形成良好的人文品质。其具体内容应包括以下几个方面。

一、关爱与引导

（一）关爱与引导的意义

苏联教育家苏霍姆林斯基说："教育技巧的全部奥秘就在于如何去爱护学生。"教育家马卡连柯说："没有爱就没有教育，爱是教育的基础。"教育原本根植于爱。有人曾在学生中做了个调查：什么样的母亲最好？统计结果表明，最好的母亲既不是最漂亮有才华的，也不是富有大方之气的，更不是严肃古板的，那些对孩子充满爱心的母亲才是世界上最好的母亲。同理，最受学生欢迎的老师首先是那些富有爱心的老师。

我们大力倡导课程思政的今天，作为施教主体的教师，尤其是从事语文学科教育的语文教师，应该满腔热情地投入教学工作之中，把自己全部的爱心奉献给学生。教师爱护学生，关心学生，是搞好教育工作的前提。教师只有给予学生纯洁的、无私的、深切的关爱，才能走进他们的内心世界，才能引导他们掌握学习方法和技巧，才能收到良好的教育效果。

（二）关爱与引导的策略

古往今来，"传道、授业、解惑"的为人师者无不受到人们的爱戴和尊敬。从"一日为师，终身为父"的古训，到供奉"天地君亲师"的民俗，到"教师是人类灵魂的工程师"的时代赞美，人们对教师发自内心的尊重，可见一斑。"百年大计，教育为本；教育大计，教师为本"，我国制定的《中国教育改革和发展纲要》提出："振兴民族的希望在教育，振兴教育的希望在于教师。"新时代是高科技发展的信息时代，也是人才竞争的时代，竞争要求提高人的素质，然而国民素质的高低，又取决于学校的教育和培养，取决于教师综合素质的提高。总之一句话，人们的爱戴与尊敬，国家的振兴与发展，时代的呼唤与需求，共同给教师提出了更高的要求，赋予了更深切的厚望，真乃"天将降大任于斯人也"。

怎样担当"大任"？怎样从事"太阳底下最光辉的事业"？教育家赞可夫曾经说过："教师最重要的品质就是热爱学生。"当然，教师关爱学生是一门学问，也是一门艺术。师爱有一定的层次和区别。教师关爱学生主要从以下几个方面来进行：生活上关爱、学习上关爱和心理上关爱。

1. 生活上的关爱——母爱

教师对学生从生活上施以无微不至的关心和爱护，旨在要求学生端正生活和学习的态度，这是初步的爱、浅表的爱，却是首要和必要的爱，这种爱可以被视为世界上最伟大的最无私的母爱。

现在我们提倡"母爱教育"是希望教师对孩子要有一颗慈母之心，爱得真诚，爱得情深。这种爱是发自内心的一种真挚美好的感情，这种情感包含有体贴、关心、信赖、尊重、友爱、温暖、幸福，这种师生之间彼此情感波流的交融是最可宝贵的。伟大的教育家陶行知说："真的教育是心心相印的活动，唯独从心里发出来，才能打到心的深处。"教师要打动学生，深入到学生内心，必须首先热爱教师这种职业，热爱三尺讲台，把三尺讲台视为"圣土"——多情的"圣土"。教师要像一团火，燃烧自己，照亮学生。其次要了解学生。了解学生是热爱学生的起点，是进行教育的前提。没有了解的爱是盲目的爱，没有了解的教育，只是主观主义的教育。教师当以一颗体察入微的母亲般的爱心，对学生的一言一行，一举一动，随时保持高度的敏感性，经常进行细致的观察和认真的分析。当学生处于顺境时，教师及时总结、鼓励、表扬，一定能激发他们高度的热情，强化并带动其他同学；当学生处于困境时，教师若能及时伸出援助之手，一句热情中肯的评语，一次诚心的交谈，一个会心的微笑，一次亲切的握手，无疑都会起着巨大的作用。

无数优秀的教师之所以优秀，之所以成功，是因为他们首先做到了对待学生像慈母一般。河北优秀教师许建国就是用真诚与挚爱去点燃一颗颗心灵的火把。他曾说："三尺讲坛，二寸粉笔，一块黑板，给我创造了发挥才智的广阔天地，使我找到了真正的自我价值，做教师，是我最高的理想，因为巴金讲过这样一句话：'人生是爱，是火，是希望。'"

全国教书育人楷模候选人、重庆渝北职教中心刘春华老师向我们讲述了一个生动感人的故事。在她上课的班里，有一个学生开始听课时目光无神，学习漫不经心，对语文缺乏兴趣。课后刘老师问他懂不懂，他总是点点头又摇摇头。有一次，刘老师严肃地找他谈心，帮他分析查找原因。在老师的适时的鼓励下，不到半年，这位同学上课时目光聚拢了，集中了，稳定了。"他听得入神，不仅眼睛发亮，注视着我，甚至嘴也微微张开。我讲到关键处，若朝他一瞥，他也不再躲闪，而是报以不易觉察的会心的微笑……"这个故事告诉我们：老师对学生要满腔热情满腔爱，师爱荡漾的呵护可以转化为学生的上进心。

2. 学习上的关爱——真爱

教师从学习上关爱学生，旨在让学生学会学习，求得真知和技能，这是一种高级的、深层的爱，是纯粹的真切的爱。作为学生，其主要任务就是学习知识，掌握本领。那么，教师怎样关爱和引导学生的学习呢？

第一，完善教师人格，培养学生学习的兴趣和热情。

激发学生学习兴趣和热情的方法很多，但最有效、最持久的，却是学生每天相见相伴的教师的人格魅力的影响。教师的魅力不同于影视歌星，后者可凭借一影一视一曲或其他的外在条件吸引观众。而教师的魅力来自他的人格品质，高尚的思想品德和深邃的学识修养，以及严谨的学风，一丝不苟的治学态度与对事业执着的追求；更来自教师对教学内容的道德评价，对真善美的由衷敬仰，对假丑恶的愤怒鞭笞。所有这些，都可折射出人格美的光辉，给学生带来强烈的感染、深沉的思索。如果教师注意以自身的人格作为学生的榜样，学生一定会被教师的人格魅力所吸引，从而激发他们的思维灵性，激励他们的学习热情。

"经师"易得，"人师"难求。事实上，那些教学业绩突出的教师都是善于引导学生的"人师"，而不是只偏重于传授知识的"经师"。"亲其师，信其道"，学生有因反感一位教师而丢弃一学科的，也有因热爱一个教师而产生了对一门学科的兴趣的。同样的知识内容，在一个教师手中能起到教育作用，而在另一个教师手里却起不到教育作用，这是因为教学过程不仅仅是传授知识的过程，它还是师生之间思想、情感、兴趣、爱好等心理活动双向交流的过程。教师可通过他的人格吸引学生产生积极的情感体验，创造一种舒适、宽松而有动力的气势。也可以由教师的人格构成教学进行中的排斥，产生消极的情感联想破坏教学情感，从而影响了教学质量。所以，优秀的教师应该成为学生学习道路上的导师和楷模，成为照亮他们眼睛的火炬，点燃学生智慧的火花。孔子云："知之者不如好之者，好之者不如乐之者。"只有在教师的引导下，能主动地、饶有趣味地探求知识，那么学习效果就一定可喜。

第二，丰富教师学识，培养学生学习的方法与能力。

打铁须得自身硬。教师不仅要有良好的思想素质，而且要有良好的文化素质。教师要给学生"一碗水"，必须自己先有"一桶水"。其实，在知识经济迅猛发展的新时代，"一桶水"已远远不能满足学生多方面的需求了。有人说，语文教师应当是一位知识渊博的"杂家"，这就要求语文教师上知天文、下晓地理，取百家之精华，融万事于堂上。当然，一个教师要做到样样精通，的确是很困难的，但是，起码我们应当学而不厌，精一通百，不断以勤奋研读来充实自己，保证胸中要有"长流水"。假如教师自己孤陋寡闻，岂不是"以其昏昏，使人昭昭"，那是不可能教好学生的。

未来的文盲，不再是不识字的人，而是没有学会怎样学习的人。因此，教师在传授广博的知识的同时还要教给学生恰当的学习方法和技巧。古人云："授人以鱼，不如授人以渔。"授人以鱼，只可供人一餐之需；授人以渔，则使人受享终身。好的学习方法可以使学生在学习中免走弯路，取得事半功倍的效果。反之，方法不当则会事倍功半。

3. 心理上的关爱——至爱

现代心理学研究表明：中职学生大多处于身体发育逐渐成熟期，心理则处于一种动荡不定、伸缩性较大的时期，这是一个心理"断乳期"、过渡期，往往也是一个危险期。这期间教师的积极影响和正确引导尤为重要，这种教师对学生心理上的关爱是最高境界的爱，是至爱。

学生在校除了学会获取知识、掌握本领以外，更重要的是学会做人，服务社会，造福人类。"学高为师，身正为范"是教师的理想境界；"教书育人，为人师表"，是教师的神圣使命。因而，教师既要教书，更要育人。对学生心理上进行关爱时，应当从以下两方面入手。

第一，塑造学生健全的人格。

新时期职业教育的培养目标是，培养与社会主义现代化建设要求相适应，德智体美等全面发展，具有综合职业能力，在生产、服务、技术和管理第一线工作的高素质劳动者和中初级专门人才。"四有"新人既是我国精神文明建设的中心内容，又是培养新时期合格人才的标准。全面发展，德育为先。党的二十大报告指出："我们要办好人民满意的教育，全面贯彻党的教育方针，落实立德树人根本任务，培养德智体美劳全面发展的社会主义建设者和接班人。"

（1）教师自身人格的影响。教师对学生进行思政教育应当塑造学生健全的人格，而教师本人的人格对学生健全人格的形成意义重大。教师对学生的人格与校规班纪不同，它是一种长期的、隐性的影响因素，是通过教师自身的内在魅力引起学生的佩服、尊敬和模仿等一系列心理反应，从而在潜移默化中逐渐将"师表"积淀为自己的理念，进而把一定的社会思想法和道德规范转化为个性思想和个性心理品质，形成良好的人格。可见，教师人格具有以德带德、以行导行、以情动情、以爱启爱的重要作用。教师无小事，事事皆教育；教师无小节，处处是楷模。

（2）挖掘教材因素，贯穿思政。语文教师在教学中，借助教材中的思政元素有意识地对学生施加影响，促进学生思想、政治、道德的认识，情感及意志、行为习惯的形成与发展。比如，在《士兵突击》中，许三多是如何从一个不合格的士兵迅速得成长为"兵王"的？作者以"士兵突击"作为书名，寓意很深。许三多的成长绝不是什么"性格的自我发展"，而是如同那脍炙人口的经典语句"不抛弃，不放弃"。充满着青春的活力和奋斗的激情是这部小说的特色，也是主人公许三多性格的突出特征。这股青春的活力和奋斗激情，使许三多能压倒一切苦难和困难，并使许三多这个形象闪烁着新时代军人永不熄灭的光辉。这在学生面前树立起一个好的榜样、好的军人的形象，并激励着学生以许三多为榜样，像他那样学习、生活和战斗。

感化是语文教学中"动之以情，晓之以理"的思政方式。苏联教育家加里宁在《论共产主义教育》中指出："教育是对于受教育者心理上施行一种确定的、有目的的和有系统的感化作用，以便在受教育者身上，养成教育者所希望的品质。"成功的教育就是有效的感化教育。语文教学中的思政教育要诉诸理性，更要诉诸情感，要通过逻辑说理教育学生，更要通过形象感染感化学生。比如，学习茹志鹃的《百合花》，教师不仅要向学生讲明通讯员的舍己救人的崇高思想，更要通过他的一举一动、一言一行来揭示他那憨厚、朴实、单纯的性格特征，把通讯员的形象展现在学生面前，使学生对作品中的场景如同身临其境，对主要事件如同亲身经历，对作者的褒扬如同言由己出、情由己露一般。这样，学生才能真正被这位甚至未留下姓名的战士的高尚情操所打动、所感染，从他的光辉形象中受到教育。

第二，培养学生的健康心理。

心理健康是一个人健康成长的重要标志。中职学生处于特殊的身体和生理成长阶段，加上遗传和环境的影响，每个学生或多或少都存在着心理健康问题，诸如自我控制失调，青春期适应不良，自我意识混乱、厌学、考试焦虑，社会技能不良和社交恐惧，情感失调和抑郁症等等。对学生的这些心理健康问题，教师责无旁贷地应有所了解，不但了解学生的心理特点和个性差异，而且要了解学生的家庭状况，如父母关系如何，哪些学生家庭近期遭遇天灾人祸，父母是否下岗等等。了解情况后及时帮助解决问题，才能做到因人制宜，因材施教。对那些处在压力中的学生，应该提供特别的照顾，教育同学们不要歧视他们。国外大量的研究表明，当学生出现心理失调时，保护因素有三类：第一类是学生的素质特征，指活动性、强壮、自助、自尊等。第二类主要是家庭的凝聚力、温暖，有没有不和与疏忽。第三类是指来自外部的帮助，对孩子和父母有没有来自个人和单位的支援。教师的关爱和支援，班上同学的关注和帮助，会使那些处于危险中的学生免遭心理失调的侵害。

当学生有比较严重的心理失调时，教师应该和家长联系，建议家长及时带孩子进行心理诊治。最好，教师在与学生长期的接触和了解中，能够成为一名把脉知病的心理医生，教师的办公室同时也是一间心理辅导和咨询室。果能如此，那么学生一旦"患病"，就可能随时随地地"就诊"。学生治病，教师提高医术，可谓一举两得。最终，教师在关爱和引导学生的实践中得到了收益，并升华了自己。

（三）应注意的问题

1. 关爱学生，一视同仁，平等相待

对待所有的学生，要"一碗水端平"，无论男女生，亲疏优劣，一样关怀，一样要求。要让学生觉得教师公正无私，值得信赖。

2. 关爱学生，宽严结合，严慈相济

教师对待学生要严而不苛，宽而不纵。俗话说："严是爱，松是害，不管不教要变坏。"

3. 关爱学生，维护学生的自尊心

苏霍姆林斯基说过："在影响学生的内心世界时，不要挫伤他们的心灵中最敏感的角度——人的自尊心。"人人都有自尊心，教师应爱生有术，维护学生的自尊心，批评学生时，讲究场合、方式、方法。人们常说："话是开心斧，理到心自开。"狂风不能折小草，哲言可使铁汉低头。

4.关爱学生，有耐心和韧性

"冰冻三尺，非一日之寒"，"解冻三尺非一时之暖"。学生在前进过程中的反复，教师应允许反复，在反复中坚持关爱和引导，要以最大的耐心，冷静地帮助他们分析原因，鼓励他们继续进步。将心比心，学生最终会变好的，因为"人敬我一尺，我敬人一丈，人敬我一丈，我把人举到头顶上"。

二、民主与尊重

（一）民主与尊重的意义

民主本指人民有参与国事或对国事有自由发表的权利，我们之所以将其引入语文课程思政教学中，是因为"教学需要民主"。教学民主化能体现出当今教育的发展态势。在教学过程中，教与学是一对对立统一体。当学生对学习感兴趣并主动参与，同时形成独立的学习能力时，才会主动地、愉快地进行学习。魏书生老师的"教学民主化"就能充分地说明这一点。他说："我觉得，民主化、科学化像文学教学的两翼，它能载着我们从必然王国逐渐飞向自由王国。"六步课堂教学法，是魏书生老师与他的弟子共同商定的，是教学民主化的产物。课堂教学六步，即"定向、自学、讨论、答疑、自测、自结"。在实施过程中，完全是实行民主教学的过程。比如，"定向""出自测题""课堂总结"，均由学生轮流或共同完成。这样，不仅能让学生参与教学过程中，而且能大大地提高学生的自学能力，也有利于培养学生的创新能力。

尊重是人类的共同需要，是一种社会现象。"一个需要得到称赞、需要得到爱和需要支持的人，应该比一个不太需要这些而很感满足的人更喜欢某个给予他这些的人。"美国的心理学家由特斯的一项早期实验说明了这种作用。他先对被试者进行了一系列检验，测定了他们的自我尊重程度之后，让他们在一个小组里互相接触。在小组讨论结束后，每个组员都要评价一下其他成员。然后把评价给每个成员，表明其他人如何评价他。有些评价相当肯定，其他的则非常否定。然后再询问每个人喜欢小组的程度。对于只有低自我尊重的被试者来说，对全组的喜欢很大程度上依赖于全组对他的喜欢程度。而对有较高自我尊重的人来说，情况就不太一样。这项实验告诉我们，每位学生都希望在老师那里得到关怀和爱护（特别是后进生），这样，学生的个性就能得到充分显现，潜能得到开发，从而能促进学生健康地成长。因此，教师应特别"关心、爱护全体学生，尊重学生人格，促进学生的品德、智力、体质等方面全面发展"。

（二）实施"民主"与"尊重"的做法及应注意的问题

教育的本质就是发展。在语文教学过程中，如何实施"民主"与"尊重"，促进学生的身心全面发展呢？

1. 让创新教育走进课堂

第一，创设民主、宽松、和谐的课堂氛围。

创新教育在课堂教学中的实施，是以民主、宽松、和谐的师生关系为基础的。教师必须用尊重、平等的情感去熏陶学生和感染学生，使课堂充满爱的气氛，形成一个无拘无束的思维空间，让学生在轻松愉快的心态下，积极思考，积极表述，敢于想象，敢于质疑，敢于标新立异。

第二，创设一个学生主动探索的空间。

当一个问题提出后要留给学生两个"多一点"，即多一点思考的时间，多一点探索的空间。在回答问题时，实行"两个鼓励""两个杜绝"，即鼓励学生大胆实验，鼓励学生有自己独特的见解；杜绝教师包办代替，杜绝快速将学生的思维纳入自己预定的轨道。

第三，创设学生思维发展的条件。

思维能力的培养，是教学的核心。把握好激发学生思维发展的时机，是引导学生创新思维的关键。教学中教师要抓住新旧知识的连接点和生长点，启发学生进行创新思维。在这个过程中，学生可以主动探索，在已有知识的基础上主动地获取新知，发展思维。

第四，创设学生个体有效参与的机会。

要想让创新走进课堂，必须最大限度地让每个学生都能参与到探求新知识的实践活动中，避免由少数学生的活动代替多数学生的活动。所以在教学过程中，能让全体学生动口、动手的，就不让少数人或个别人代替。要使全体学生有效地参加学习过程，学习比较困难的学生的学习态度是一个关键。所以要对学习比较困难的学生有一个倾斜策略，不但要给他们多吃"偏饭"，还要为他们创造成功的机会。如：小组讨论，规定学习比较困难的学生先发言；课堂提问，优先考虑让学习比较困难的学生回答力所能及的问题等，鼓励他们的每个微小进步，维护他们的自尊心。

2. 尊重学生要实施"差异参与"的教学策略

一个班级里学生个体之间的智力、非智力因素发展水平存在着程度不同的差异。现代教学心理学的研究表明，学生学习能力的差异不能决定他要学习的内容和学习的效果，而只能决定他将要用多少时间才能掌握该项内容。只要给予足够的学习时间并进行适当的教学，几乎所有的学生对学习内容都可以达到掌握的程度。因此，我们应始终格外关注学习有困难学生的学习状态和情绪，因为这些学生更需要教师用热心去鼓励，用诚心去感化，用耐心去帮助。只有这样，才能将课堂教学中由少数学生积极学习变为全体学生主动参与。在语文教学中，我们要注意给那些学习较吃力的学生充裕的阅读感知、理解思考和组织内部语言的时间，最大限度地发挥他们的主动性，以达到预期的教学目标。同时，还要注意设置有层次、有差异的学习目标，以适应不同水平学生的学习需求，这就有可能让全体学生都体验到成功的喜悦。

3. 创设"民主氛围"，让学生乐于"提出问题"

创新的第一要求就是：善于思考，提出别人没有想到的问题。由于学生的学习和生活范围的限制，往往有时提出的问题质量不高。特别是学生的自尊心，使得他们不想提出问题，唯恐问错问题，受到嘲讽或老师的白眼。笔者在近期的调查问卷中发现：在课堂上，遇到老师讲解的内容与自己的想法不一致时，有顾虑不敢举手提问，怕说错了同学讥笑的占调查人数的27.14%；从来没有向老师提出过问题的占55.58%。在这些学生中，有问题与学生讨论解决不了，但也不愿意请教老师的占27.76%。究其原因，"怕问题太易，挨老师批评，说这么简单的问题你都不清楚"的占100%。从统计数据来看，不主动举手，有问题不向老师主动提出的原因，除缺乏提出问题的能力和独立思考的品质外，还有一个重要原因就是学生的害羞心理，生怕其他同学讥笑，怕老师说笨，问题积累越多越不敢"问"，形成了恶性循环。

由此可见，教师要转变教育观念，要让学生真正成为课堂学习的主体，首先要做到的是放下"师道尊严"的权威架子，不但应鼓励学生提出问题，更应保护学生的自尊心、积极性，热情解答、积极引导，创设一个民主平等、宽松和谐的学习氛围，即"民主课堂"。民主课堂就是在老师的引导、启发下，多鼓励学生发表自己的见解。老师要耐心倾听学生提出的各种问题，哪怕只是对问题思考有一点点闪光的地方，都应该给予肯定；即使提出的问题没有多大价值，也要尽量找出问题提出的合理部分，及时给予表扬；甚至对问题的错误思考，不但不批评，而且还应该表扬，肯定其学习的积极性，充分让学生参与教学，使他们真正成为学习的主人。

4. 要坚持"师生民主合作原则"

师生民主合作原则是指教学过程中教师和学生以平等的身份共同参与教学活动，相互结成朋友式的、团结的、协作的关系。

学生主体作用的发挥离不开一定的社会条件，其中一个重要的方面就是班级人际关系，即师与生、生与生之间的关系。从教学活动一开始，这种关系就存在，并自始至终地影响学生的活动。师生之间应该是一种民主合作的关系，应从建构理想的学生主动模式出发，互相尊重、互相依赖、分担责任、分享权利，形成一种和谐的融洽的心理气氛。

第一，教师要从多方面热爱学生。

爱是人们身上普遍存在着的一种心理需要。人的生活中充满着爱的关系。对学生来说，他们不仅希望得到父母的爱，对于师爱的反应要比对父母的爱的反应还要强烈。学生对教师有种特殊的依恋心理，即教育活动中的"向师性"，他们的一举一动都渴望得到老师的肯定和赞许，而老师的一言一行，即使是关注的一瞥、信任的点头，在学生眼里都是一种"爱"，是一种安慰和鼓励。他们常常怀着紧张的心情等待着教师对自己的评价，每天都希望从自己教师那里得到美好的东西，这正是教师与学生建立起深厚友情的基础。因此，教师应时时刻刻地关心爱护学生，事实证明，学生们得到了教师的关怀后，常常在学习、生活等方面能产生巨大的影响。

第二，要倾注期待。

期待效应，在鼓励学生创新的当代，显然具有普遍应用价值。罗森达尔的实验就是最有力的实证。一些随意圈点的名单上的学生为什么会获得最佳发展，就是因为老师接受了实验者的暗示，情不自禁地倾注期待的结果。因为学生创新潜能的唤醒、激活、发展是需要自信的，老师的作用就是提供支撑。老师倾注的殷切的期待，会作用于学生的内心世界，学生从中获得力量，进而形成诱发和驱动，于是老师的"期待"转化为学生的"自信"。

老师对学生的期待源于尊重信任。信任是尊重的前提。实践证明，凡自暴自弃，错误较多的学生，无一不是缺乏乃至丧失了自信心和自尊心的。作为教师，在任何情况下都不能伤害学生的人格尊严。相反，应该千方百计地让他意识到自己的尊严。为此，苏联教育家马卡连柯有时故意在庄重的场合对犯了错误的孩子亲切地以"同志"相称，这样，就能使学生萌发希望，积极向上，获得前进的动力。我国优秀教育工作者的经验也都充分证明了这一点。在一次座谈会上，一个著名画家对著名儿童教育家孙敬修说，他小时候之所以对绘画产生了浓厚的兴趣，并矢志不渝，终成画家，就是因为在小学读书时，他的一张画得到了孙老师的夸奖而引起的。孙老师早就忘记了这件小事，却成了学生的巨大而持久的动力。著名教育家苏灵扬说，她上初中时写了一首新诗，兴致勃勃地拿给老师看，老师却批了"不像诗"三个字，伤害了她的自尊心，从此，一辈子再没写过一首诗。这些都说明尊重和信任才是最好的老师。

第三，教师要一视同仁地对待所有学生。

只有公正的师爱才能激励学生向上。"爱满天下"，这是当年陶行知倡导过的一句名言。教师喜欢好学生，乐于"得天下英才而教育之"，这是不难做到的。但是对那些中间状态的，尤其是对后进的学生，往往不那么爱，这是师德所不允许的。我们更应该给予他们更多的温暖和帮助，使他们茁壮成长。牛顿、达尔文、黑格尔、华罗庚等人是世界闻名的杰出人才。但只要翻一翻科学史就知道：牛顿小时候被称为"笨蛋"，达尔文学医时像"傻子"，黑格尔读大学时的外号叫"懒狗"，华罗庚上初一还补考数学。如果当年他们的老师都白眼相待，还会有这些奇才吗？陶行知告诫一些对学生施惩罚的人说："你的教鞭下有瓦特，你的冷眼中有牛顿，你的讥笑中有爱迪生。"事实证明，被人们认为不值一爱的学生身上确实存在着可爱的因素，存在着可喜的苗头。一个教师如果能从那些所谓"毫无希望"、"不可救药"的后进生身上，发现心灵深处埋藏着良好品质，因材施教、因势利导地激发他们从后进变成先进，才配称为"人类灵魂的工程师"。

三、期望与激励

（一）期望与激励的含义

期望，即希望、盼望、愿望，从心理学的角度来看，希望、盼望、期望都是人的一种力求接近自己认为是有价值的未来事物或状态的心理意向，属人的需要动机范畴。它与未来事物相互联系，并常常伴随有关目标的生动形象和鲜明肯定的情感体验，是人所特有的一种积极的心理品质。诚如美国学者 N·希尔博士所说："希望就是一个人怀着一个愿望，盼望能获得所想要的东西，并且相信他是能够获得它的。"

希望与本能有着本质的区别，本能是与生俱来的，不学而会的能力，而希望则是在后天的生活实践中习得的，是与一定的目标密切联系在一起的。希望由于同目标相联系，具有鲜明的和相对稳定的情感特征，因而是激励人们去行动的内在原因和动力，是鼓舞人成长发展的强大的内驱力。正如巴金所言："人是靠希望活着的。"是的，人不能没有希望，人生活在希望中。希望是大海上的航标灯，指给人们前进的方向；希望是寒冷冬夜的一团火，带给人们温暖和力量。生活实践和心理学的研究都证明：一个对生活充满希望的人，总是有明确而积极的奋斗目标，并且能为目标的实现而进行不懈的努力，反之，对自己丧失信心，对明天不抱希望的人，就会失去对美好未来的执着追求。

"激励"即激发鼓励之意，作为心理学术语，是指激发人的动机，调动人的积极性的心理过程。它所强调的是激发人的主观能动性以挖掘人的内在潜能，从而促使人们在学业上、事业上取得成就。心理学的研究表明，人的行为总是由一定的动机引发的，动机是推动人们行为的内部力量。激励就是在内部或外部刺激下，激发、促成人的强烈、自觉、端正、高尚的行为动机，使人始终维持在一种兴奋积极的状态之中，从而以极大的热情去从事某项活动。

在这个心理过程中，希望作为一种精神力量，是产生并维持这种兴奋状态的一个重要动因。因此，希望和激励如一对连体双胞胎，是密不可分的。正如希尔博士说："激励就是鼓舞人们作出抉择并进行行动。激励就是希望或力量，用以激起人的行动，使人产生希望，产生特殊的后果。"如果没有激励，也就无所谓希望。换句话说，有效的激励是希望能否实现的关键。因为希望总是与目标相联系，希望的外化是目标，目标是通向成功的关键。把希望目标内化为个体的需要，由需要激发动机，产生行为或行动，实现希望目标，使需要得到满足，在这个过程中，起关键作用的就是激励。同样的，希望对人的行为的激励作用也是不可忽略的，它往往是通过增强人的自尊需要、自我肯定需要来实现的。因为希望的存在就意味着对人潜力的肯定。心理学研究和教育实践都证明：教师对学生的期望有力地影响着学生的行为，同时也影响着教师个人的教育教学行为。如果老师喜欢某些学生，对他们抱有希望，对他们的关注就多，等待他们回答问题时也更有耐心。经过一段时间后，这些学生常常会如老师所期望的那样有所进步；反之，如果教师不喜欢某些学生，对他们不抱希望或抱较低希望，教师就会对这些学生很冷漠，等待他们回答问题时也缺乏耐心，这些学生的学习成绩或品行便会一天天变坏。尽管有某些例外，但总的趋势如此。教育心理学称这种现象为"教师期望的效果"。产生这种效果的原因是教师对不同学生的行为或成就抱有不同的期望。由于期望不同，教师对不同学生的态度就不同，教师的态度告诉了学生教师对他们的期望如何，这影响了学生的自我观念、成就动机和抱负水平。学生的以上方面塑造着他们的成就和行为，使之越来越接近先前教师对他们的期望水准。

期望的对应面是失望，失望就是失去希望，希望落了空，失去了信心。一个人身处逆境，屡遭不幸，如一个考生屡考屡败，处处受辱，加之心理上缺乏承受挫折或打击的能力，看不到成功和光明，没有信心和勇气，就容易失望，或无可奈何，或自暴自弃。失望总是与悲哀连在一起的，"哀莫大于心死"，即言失望之大，失望之深。但即使在这种情况下，如果他能够及时得到温暖和爱抚，受到良好的引导和激励，也就是千方百计地点燃他们内心的希望之火，那么，他就会看到光明，增强信心，甚至重整旗鼓，最终成为自学自勉、主动有为的人。

（二）期望与激励教育的实施及应注意的问题

1. 尊重学生，相信所有的学生都有巨大的潜能和资质是实施期望与激励教育的基础

魏书生先生在他的日记中写道："一名好教师，必须永远相信自己的学生，不管多么笨的学生脑子里其实都埋藏着无穷无尽的潜力。事实上，不是学生的脑子里缺少资源，而是我们自己缺乏勘探这些资源的能力。"

一名优秀的教师，应该对所有的学生都满怀期望，承认所有的学生都有一定的发展潜能。"没有教育不好的学生，只有不会教育的老师。"教师责任应该是真正了解学生，了解学生的个性特征和心理需要，通过灵活多样的方法，帮助学生树立成长的信念，明确发展的方向，认清奋斗的目标，找准成才的突破力，并发挥自身优势为实现目标而努力。一句话，就是让所有的学生都抬起头来走路，让所有的学生都对自己充满信心，对明天充满希望并满怀信心地为实现目标而奋斗。

鲁迅先生的小说《祝福》是现代文学史上的典范著作。如何在有限的时间内准确而深刻地把握这篇小说的主旨，挖掘小说的内涵？有一位语文教师在教学中设置了这样一个问题："祥林嫂有什么过错？为什么封建社会不容她？"问题提出后，学生展开了热烈的讨论。在此之前，他们对"祥林嫂是被四大绳索勒死的"这个抽象的结论似乎懂得，却又未必知其真义，到底是什么原因使勤劳善良的祥林嫂走向死亡？她有何错，使她连劳动的权力都没有呢？应该说这是个很容易的问题，可学生思考讨论后并未抓住实质。这时，这位教师对坐在第一排的一位学生说："你只要读读小说的开头和结尾就会弄明白，你的一双眼睛多有神，准能看出来的！"过一会儿，这位同学才恍然大悟：原来祥林嫂就错在她是寡妇！在封建社会里，好女不嫁二夫，女子在丧夫之后要"守节"，要"从一而终"，再嫁的祥林嫂被人视为失节、不贞，所以才遭到了主人的歧视、凌辱，致使精神崩溃，沦为乞丐，最终死去。祥林嫂的种种不幸，固然是由于政权、族权、神权压迫的结果，但尤其以"从一而终"的夫权礼教为甚。正是夫权这把软刀子，把她残酷地宰割致死的。经

过老师对这个问题的点拨，学生的讨论，学生们更深刻地理解到祥林嫂的不幸，是封建社会广大妇女的不幸，是一个社会的悲剧。

这样提纲挈领地设疑、提问，在实际的语文教学中进行必要的鼓励，就能使学生站在一定的高度，创造一种居高临下的势态，更好地理解课文；同时，还能提高学生的学习效率，最大限度地开发个人的潜力，提高学生的想象力、创造力，满足了学生的需要，达到了语文的优化。另外，还可以引导学生领悟学习的方法，培养阅读的能力，最终是为了不需要教，实现了语文教学最终是为了培养学生"捕鱼"本领的目的。所以说："适时地真诚地鼓励，是帮助学生树立信心的支撑点，是加快思维的兴奋剂，是开窍的电火花。"

2. 更新教育观念，改革教学方法，是实施期望与激励教育的关键。

在整个学科教育中，语文学科处于基础性地位。同时，语文也是人生发展的基础，人的发展离不开语文学习，语文学习的过程既是认识人生、认识社会和认识自然的过程，同时也是表现完善和发展自我的过程。从宏观的角度讲，语文教育对促进我国现代化建设，对于提高民族的文化素质，都有极其重要的意义。因此，引导学生生动活泼、健康地发展，是一名语文教师不可推卸的责任，也是对语文教师的严峻挑战。而教师对学生的殷切希望和有效激励是增强学生的自信心，激发学生的学习兴趣，鼓励学生主动进取、自主追求的巨大力量。这种力量如强劲的东风，吹送着学生在人生的大海上扬帆远航。

作为教育改革家，魏书生先生的教育教学改革取得了累累硕果。他先进科学的教育观是他进行教育教学改革的指南，"育人必先知人"，"相信学生""尊重学生"正是他教育观的核心。他始终坚信，不管多么笨的学生，脑子里都埋藏着无穷无尽的资源，教师的责任，就是想方设法地勘探、挖掘这些资源。为了让学生始终保持高涨的学习兴趣，他除了身体力行、广泛阅读课外书外，还经常和学生一起谈理想、谈体会，纵横捭阖，把学生的学习从课内引到课外，从国内引到国外，从眼前想到未来，让学生心中燃起理想的火花。在他的因势利导下，学生的学习兴趣高涨。在教学中，魏老师总是想尽一切办法调动学生的学习积极性。首先解放思想，让学生大胆地想，大胆地说。其次经常阅读，学会观察与思考。他要求学生每天读篇精品，名曰"道德长跑"，让学生每天都站在比较高的角度分析自我、分析他人、分析社会，经常制定战胜自我的措施，制定为别人、为集体、为社会做事的计划，不仅大大提高了学生的思想觉悟和认识水平，也提高了驾驭语言文字的能力。课前的几分钟，也被他很好地利用起来。有时，魏老师请学生让时光倒流，臆想自己回到当年最成功、最辉煌的时刻，感受内心深处的愉悦感、自豪感，并使之扩大，迁移到今天的学习生活中来。有时他让学生扮演自己最崇敬的杰出人物，臆想自己的举手投足和那位伟人一样。学生因受伟大人物精神气质的感召，浑身充满了上进的勇气和战胜困难的力量。这种做法魏老师形象地称之为"给精神充电"。为了激发学生的上进心和求知欲，魏先生可真是别出心裁、匠心独运啊！他不仅让学生懂得如何接受别人的期望和激励，健康成长，更重要的是，让学生学会自我激励，不断为生命加油。

3. 热爱学生，因材施教是实施期望与激励教育的核心

朱熹说："圣贤施教，各因其材，小以小成，大以大成，无弃人也。"美国心理学家布鲁姆在研究中发现，百分之九十五的学生的能力倾向差异只是学习速度的差异，而不是水平的差异。教师只要提供足够的时间与适当的学习帮助，百分之九十五的学生都能学好每一门学科，达到确定的全部教学目标，获得优异的学习成绩。因此，教师应该根据学生的不同特点，制定合适的教学目标，采取不同的教学措施，以利于学生的健康发展。而学生的健康发展，正是我们教育的目的。

南京师大钱丽老师认为，让学生及时看到自己的成绩（包括学习成绩），充分感受成功的喜悦，是增强并保持学生强烈的学习兴趣和信心的良方。她在教大二的学生时，不仅教法生动形象，而且在分析文学作品时注意把传统经典引入现代课堂。如通过对《道德经》的详细讲解，结合大量的历史和现实例子，使学生对《道德经》的主要思想和内容有比较全面的了解，对我国古代先哲老子提出的以提高道德修养为核心的人生哲学和处世方法有比较正确的认识。通过提高学生的人文素质、道德水平和为人处世能力，增强学生的民族自信心和民族自豪感，为学生获得美好、幸福的人生，取得事业的成功，同时也为学生今后进一步学习和研究中国哲学、中国历史等打下一定的基础。以此引起学生学习文学的浓厚兴趣，学生在学习上一次次地不断进步着，让学生都能感受到成功的喜悦而获得不断上进的力量。

朱熹曾说："草本之生，播种封植，人力已至，而未能自化也，所少者，雨露之滋耳。及此时而雨之则其化速矣。教人之妙，亦犹是也。"是的，"雨露滋润禾苗壮"，老师对学生适时适当的期望、激励不就是滋润"禾苗"苗壮成长的雨露吗？

伟大的黎巴嫩作家纪伯伦在他的散文诗集《先知·论工作》中说："一切的生命都是黑暗的，除非是有了激励；一切的激励都是盲目的，除非是有了知识；一切的知识都是徒然的，除非是有了工作；一切的工作都是虚空的，除非是有了爱。"作为一名语文教师，只有心中充满了对教育事业、对学生的深切挚爱，才会对每一个学生满怀期冀，才会为学生的健康成长呕心沥血，才会因学生的点滴进步而满怀喜悦。学生的生命也因为有了老师的殷殷期望和不断激励而充满光明。但愿我们所有的教育工作者都能像钱丽、魏书生、于永正老师一样，向学生多洒一些雨露，少一些风霜。

（三）在期望与激励中，师生互动教学相长实现双向成才

正如蜡烛要照亮别人，必先燃烧自己一样，一个教师，只有"学高"才能"为师"，只有"身正"才能"为范"。爱因斯坦说过，只有伟大的纯洁的榜样，才能引导我们具有高尚的思想和行为。捷克教育家夸美纽斯说："教师的任务就是用自己的榜样来诱导学生。"卢梭在他的教育小说《爱弥尔》中说："你要记住，在敢于担当培养一个人的任务以前，自己就必须要造就成一个人，自己就必须是一个值得推崇的模范。"明末清初学者王夫之也说："天欲使人能悉知之，能决信之，能率行之，必照昭然，知其当然，知其所以然。由来不昧而条理不迷。贤者于此，必先穷理格物以致其知，本末粗细具晓然著于心目，然后垂之为教，随之深浅而使之率喻于道，所以遵其教，听其言，皆去其疑，而可以见之于行。……欲明人者先自明。"对此，于漪老师深有体会。有一次，于漪老师教《木兰诗》一课，学习结束时，学生忽然提了一个问题："中国妇女什么时候开始包小脚的?"当时，于老师被问懵了，是啊，备课哪会备到包小脚的问题上呢？但她不是用"这个问题与课文无关"之类的话搪塞学生，而是课后查了很多资料，终于弄明白：妇女包小脚起于五代。"李后主令宫嫔育娘以帛绕脚，令纤小作新月状，由是人皆效之。"于老师说："何止'弓足'一事？类似这种情况常有发生。""在教育过程中，小脑袋里的

问题层出不穷，他们追根究源，打破砂锅问到底，希望从教师那里获得答案。"于老师感慨地说：教然后知困，但仅仅知困是不够的，还需要解困。"狭窄的溪流经不起小雨的灌注，汪洋大海才能容纳千江万川。自己知识浅薄，满足不了学生旺盛的求知款，只有教师自己学而不厌，才能引导学生在知识的海洋里破浪远航。"是的，面对学生渴求知识的双眼和层出不穷的问题，面对学生渴望成功的急切心情和对教师期待而崇敬的目光，我们做老师的怎能无动于衷，怎能不发奋努力呢？魏书生曾说："我读书的时候，并没有想过能去教书，教书之后，才发现学生心灵世界的广阔……农村孩子的真诚、质朴、勤劳的品质深深感染着我……生活在他们之中，我感受到精神的满足，灵魂的安宁……于是，我决心在学生的心田里开辟一片绿地，播撒上真善美的种子。……我想，如果由于自己的存在而多了一颗真诚、善良、美好的心灵，那我便获得了生存的幸福，有了一份生存的价值。"

实事上，在教育活动中，教师是施教者，是教的主体，学生是学习者，是学的主体，二者互相作用，互相影响。《学记》云："学然后知不足，教然后知困，知不足然后能自返也；知困然后能自勉也，故曰：教学相长。"但这种影响也有负面的。一个教师，如果缺乏事业心和责任感，他在工作中肯定是马马虎虎，敷衍了事，而他教出的学生也往往是拖沓懒散，不求上进。学生的不良表现反过来使教师对他所从事的教育事业更缺乏信心和热情，这种恶性循环，不仅毁了学生，也毁了教师个人。而当一个对教育事业满怀挚爱的教师，在点燃学生心中的希望之火，并引领着学生不断前进时，他会因自己教育教学实践的成功而无限欣慰，会因学生的点滴进步而满怀喜悦。这种欣慰和喜悦不仅使他走出了先前教育失败的阴影，而且产生巨大的动力，推动着他更加努力地研究学生，研究教学，不断提高自身素质、理论修养、业务水平，从而在事业上取得更大成功，这就是"教学相长"。这种良性循环，使教师在学生成长的同时获得了自身的成长，在学生成才的同时使自己成才，即"双向成才"。正是"先生创造学生，学生创造先生，学生、先生合作创造彼此崇拜的真人"。从这个意义上讲，期望与激励的对象，不仅指受教育者——学生，还包括施教者——教师。期望与激励的教育理念不仅是传授者的力量源泉，也是青少年学生成长的不竭动力。

四、内省与陶冶

（一）内省的心理依据

老子曾经说过，"知人者智，自知者明"。这讲的其实就是内省问题。内省就是通过反思自身行为，来实现自我认知、自我评价、自我判断、自我调节的心理活动，是人进行自我完善、自我教育的基础。

研究心理学发现，人的个性心理结构具有自我调节系统，它是以人的自我意识为特征的。自我意识是人对自己本身的一种意识。组成自我意识的基础是人的认识能力，情感表现，以及意志过程。在认识能力方面包括自我感知、自我分析、自我观念、自我评价等。在情感方面包括对情感的自我体验，如道德感、理智感、美感等。在意志行为方面，包括自我监督、自我命令、自我控制等特征。

由于自我意识能够意识到自己的个性倾向、个性心理特征、个性的心理过程、心理状态等个性结构的各个侧面，所以，它能对各种心理成分进行调节与控制，力求形成完美的个性心理结构系统，维护个体的身心健康。如果人的自我意识失调，就会产生变态人格。因而健康的自我意识是保证个性健康发展的重要条件。

在美国心理学家马斯洛的需要学说中，他把"自我潜在能力实现的需要"列为人类高级需要的最高层次。德国心理学家卢特卡尔的个性结构层次学说中，也把人性列为个性结构的最高层，他认为，人性层是人经过了由低而高的各层次后向上发展而形成的，能经常保持清醒的意识形态。当低层次的冲动性活动发生时，自我性便发挥指导与控制的作用，防止低层次的冲动。因此，人性层是理智、自信心和责任感的基础，对自我行为具有控制作用。

这些学说都为我们语文教学过程中的内省活动提供了必要的心理学依据：人完全可以通过自省来达到自我教育的目的。这种自省，宏观地讲，可以是对整个教育体制、教育理念的反思。如今天提倡的素质教育、创新教育、成功教育、愉悦教育、审美教育等，都是对传统教育反思的结果。微观地讲，这种内省可以指导、启迪教育活动中的主体，引导双方重新认识自己，认识对方，调整自身行为。尤其在教师的教育活动中，它增加了人文主义关怀的新内涵，提供了更新的、更能体现"以人为本"，发挥主体作用的教学思路和方法。

（二）学生自我教育实现的关键

山东省一个叫单福坤的老师，讲过他自己上课的一段经历。初三年级有一个学生非常厌学，成绩也很差，留级一次。他发现这个学生爱好写一些东西，单老师就有意地给他介绍一些古典名篇，像名家的诗词、散文以及现当代的好作品等。有一天，这个学生把他写的一篇小说给单老师看，请他改改。单老师对其毛病似乎总是视而不见，倒是经常赞扬他的字写得好，文章很有度，人物形象的塑造也很鲜明，并多次把该学生写得好的文章在教室里读给同学听，让全班向他学习。而这位同学接受了单老师赠予他的"成功"桂冠之后，不得不开始琢磨怎么样把文章写好才不至于被同学们嘲笑。有了这种渴求获得新成功的内部需求，加上单老师的鼓励、指导，这位同学用不足一年的时间，就使自己的写作水平突飞猛进，进而带动了自己的学习全方位地提高。

这其中，内省是铸造这种教育方式成功的关键。单老师以不动声色的方式，表明了自己的批评意见，对优点的肯定给学生以信心，而对缺点的沉默则显示了尊重和期待。这种沉默的期待比语言更有说服力，更具鼓动性。它使人发现了自身的优势、潜能，从而极力想把它发扬光大，力求做得更好，这样，他就会不断地修正自己，完善自己，以求得别人更多的肯定。成功教育，实际上就是由外压式的强制教育转变为内调式的自我教育。可以说，成功教育的核心就是在唤起学生自信的基础上，激励学生自省、自强，最终形成学生自己争取成功的内部动力机制。单老师是这种教育的受益者，也是实施者，在后来几十年的教学生涯中，他一直实施着成功教育。这种教育观念和方式也为他个人的事业带来了更大的成功。

通过自省来培养学生对自己成长的自我意识，提高自我教育能力，也是另一位优秀教师魏书生老师的成功秘诀，是他教改思想的实质所在。

　　例如对待犯错误的学生。一般老师的做法是训斥一顿，指出错误所在，要求定期改正。至于为什么是错，为什么一定要改，老师总是像个道德法官，给予刻板的说教，很少能站在学生角度，去切身分析利害，触及其内心，让学生心悦诚服，自动改正。有些老师则方法简单，一张"检查"了之，至于"检查"中表态是发自内心，还是虚于应付，写完"检查"后是知错改错，还是依然如故，很少顾及。对此，魏书生的做法很有启发性，他让犯错误的同学写"说明书"，用心理描写的方法，描绘出心理活动的三张照片（犯错误前、犯错误时、犯错误后），每张照片上都有两种思想的争论。学生这样谈写"说明书"和"检讨书"的区别："过去淘气了要写'检查'，那时候越写越恨老师；现在写'说明书'，越写越恨自己。"同样是写，为什么效果却迥然不同呢？因为"检讨书"是老师施压的结果，是学生被迫以老师的是非标准来判断自己，不管自身认识如何，都不得不迎合老师，听命于老师，所以总觉得是老师在为难自己。"说明书"则是自己"审判"自己，是对自己进行深刻的自省，"审判"的过程就是理智与冲动的较量过程，是学生实施自我认知、自我判断、自我否定的过程，是理性战胜盲目的过程。在这中间，认识和否定的是自我，恨自己就是认识提高的表现。老师的诸多方面都不可能是完美的，但这并不影响学生去尊重他。"老师不是教官，也不是上帝，他不是一切都知道，他也不可能一切都知道。假如他装作一切都知晓的样子，那么你们宽恕他就是，但不要相信他！相反的，他若承认，他不是一切都知道，那你们要爱戴他！因为他是值得你们爱戴的。"假设于漪老师在讲授"弓足"时，学生问"中国的妇女什么时候开始包小脚的"时，于老师不是课后认真地翻阅资料，给出详实的答案，而是应付了事，或避而不答，或者把提这怪问题的学生训斥一顿，她还能赢得学生的信任和尊敬吗？

　　这种诚实，实际上就是教师的职业"信誉"。有了良好的信誉，才可能获得他人的认同与尊敬。但是，老师又不能仅仅停留在诚信的基础上，应该对教学中出现的"疑"进行深刻反省，查因探源，知识缺陷及时弥补，方法问题及时变革，这样才能消除疑难，不再犯类似错误。一个老师，一次被学生问倒，坦然承认，的确精神可嘉，但是二次、三次，次次被"卡"以后，仍不进行反省和更改，这个老师还会赢得学生的敬重吗？面对问题，于漪老师进行深刻地内省，在备课上、知识积淀上对自己提出了更高的要求。正是这种时时自省、不断自砺、力求更好的精神，才使于老师成了最受欢迎的老师，成了一个散发着独特的人格魅力的名师。

名师之"名"，就在于独特的人格魅力。如于漪老师时时刻刻以"人"的培养来看"文"——教学的人文情怀，宇鸿彬老师不赶时髦但又厚重内敛的"京味儿"作风，倡导语文教学"点拨法"的李澄清老师的博学，开创了"跳摘教学法"的张富老师的挑战自我的精神，胡明道老师那传递着光和热的"磁场"，还有魏书生反身内求、敢于改革的"创"劲……都对学生产生了极强的吸引力。

如果要追根溯源，这种人格魅力都源于教师对教育、教师自身清醒的认识，源于由职业责任感而衍生的对教育、教师的深刻自省。古人把"达则兼济天下，穷则独善其身"作为读书人的处世宗旨。无疑，这些名师，都以自己在教学上的成功而名满天下，可谓"达"，他们所从事的也正是"兼济天下"的事业。然而，我认为，无论是"达"，还是目前尚处于探索的"穷"途，"独善其身"，反身内省，都应是身为人师者的立业之道，是成就一切事业的前提。"教然后知困"，只有不断地内省，发现不足，才能完善自己，只有善于内省的人才称得上虚怀若谷，才能清晰地认识到任何个体的局限性，才能推动自己不断地了解外部世界，探寻客观规律。而这种外部的扩张又有助于个人内在积累的丰富，有助于更深刻、更清晰地审视自己。这样，内部和外部双向互动，教和学就进入了一个相得益彰的良性发展轨道。教师的学识、品格就会不断提高，并最终形成个人风格和人格魅力。

全国优秀教师袁大方老师的一个故事就很能说明问题。她在平时的观察中发现，总有学生进游戏厅，老师多次说服教育，学生连老师的"训词"都会背了，可仍是照玩不误。对此，袁老师很困惑：这到底是怎么回事？自己多年的教育经验怎么不灵了？游戏机怎么会有这么大的魔力？袁老师下决心弄清楚。星期六下午，她和丈夫一起，拿了 100 元钱，进了游戏厅，她要看看问题到底出在哪里。谁知，这一进去，就玩上了瘾，原来游戏机这么好玩！一个下午不知不觉就过去了，100 元钱花了 80 多元，要不是留回家的路费，肯定要花光。天黑了，袁老师从游戏厅出来的第一句话是："我把他们害了！我没有走进他们的心里！"夜晚，袁老师翻来覆去，对自己以前的认识进行了反思，由对游戏机的不了解而想到了时代的变化、学生的变化、教育方式的变化……第二天，她向学生宣布："昨天我进游戏厅了！"学生们一下围了上来，问这问那，师生间的心一下子就拉近了。从此，学生开始把老师当朋友，什么心里话都向老师说。在袁老师的积极引导和亲身影响下，去游戏厅的没有了，"学生的荣誉观念有了，集体更有凝聚力了，学生成绩也上来了"。

可以这么说，自省使老师拥有了高尚的人格，高尚的人格又使教师拥有了学生的信任、爱戴，拥有了人格魅力，形成了心灵磁场。而这种人格魅力又使老师在教学中春风化雨，润物无声，无时无刻不在对学生起着陶冶作用。

这种无形的陶冶常常通过有形的模仿表现出来。模仿是儿童的天性。常常可以看见小孩学大人走路、说话、咳嗽。到青少年时期，人的模仿心理仍在，只是方式变了，不再是简单地模仿外部特征，而更侧重于学习自己崇拜的人的精神、气质。

如发式、衣着、谈吐习惯、性格爱好等，从"追星族"的狂热举动中可见一斑。客观地讲，模仿行为本身不是坏事，人类对世界的认识就是从模仿开始。没有模仿，就不会有语言产生；没有模仿，懵懂顽童就无以成长。关键是模仿谁，模仿什么。对于学生来说，在学校接触最多的就是老师，老师理所当然地成了模仿学习的对象。他的举手投足，直接关系着学生的成长健康。"教师无小事，事事皆教育。"所以，老师的行为绝对不是简单的个人行为，而是一种社会行为；老师的素质也绝不是一个人的素质问题，而是整个社会的素质问题。

我们说：模仿是对成功者最好的赞美！让所有的老师都怀抱着"兼济天下"的雄心，勇敢地审视自己，塑造其完善的人格，并以自身行为唤起学生的内省，以此来陶冶那无数敏感单纯而又充满渴望的心灵吧！

重视和加强对学生的思政教育是时代的需求，也是当务之急。给予学生更多的人文关怀是教师的教育手段的关键。

语文课程思政是以人的发展为培养目标。"经师易做，人师难当"。要培养出具有人文素质的学生，需有较高人文素养的老师。从这个意义上说，提高教师自身的人文素质显得尤为重要。

课程思政主要解决青少年学生的认识观、价值观的取向，它对青年学生的语言文化修养、伦理道德水平的高低、审美情趣的高下起着重要作用。中外文学具有丰富的思想性和人文性，对现代人，尤其对肩负着"德业双修"的中职学生的心智塑造乃至价值理性的培养具有特殊作用。因此，利用中外文学这一历史瑰宝对学生进行思政教育的渗透，是促进校园文化建设和青年学生人文素质提高的有效途径之一。

还要注意把知识训练和思政教育和谐地统一起来。这其中，教师不仅要深入感悟语文中反映出的人类社会的事、情、理、志与其表现出的民族精神、民族情操、民族审美情趣等，透彻感察作品所负载的丰富多彩的文化，还要把自己的人文感悟化解在语文课堂教学中，赠予学生，使学生得到更多的人文关怀。人文关怀的教育理念，应成为语文课程思政的前提与基础。

第八章

中职语文课程思政教学实践

中等职业学校语文课程是各专业学生必修的公共基础课程，对于全面贯彻党的教育方针，落实立德树人根本任务，发展素质教育，培养德智体美劳全面发展的社会主义建设者和接班人具有重要作用。学生教学以讲授课为主，结合专业特点，进行有针对性的教学，运用多种教学方法，激发学生学习兴趣；通过阅读与欣赏、表达与交流及语文综合实践等活动，在语言理解与运用、思维发展与提升、审美发现与鉴赏、文化传承与参与几个方面都获得持续发展，提高学生基本能力，提升其语文修养。同时加强思想政治教育，使学生自觉弘扬社会主义核心价值观，坚定文化自信，树立正确的人生理想，涵养职业精神，为适应个人终身发展和社会发展需要提供支撑。

案例一：天路

【课程思政内容纬度】
政治认同——坚定中国特色社会主义理想信念
【文本出处】
高教版中职语文基础模块上册第一单元
【教学研究】

一、学生阅读困惑

（一）歌曲的标题为什么叫"天路"？"天路"有什么特别的内涵吗？

（二）"天路"是谁建造的？是怎么建造的？

（三）歌词中出现了哪些意象？分别代表什么？表现出什么？

（四）整个歌词的主要内容是什么？表达了作者怎样的思想感情？

（五）这首歌词的历史意义是什么？

二、文本教学价值

《天路》是一首歌词，从体裁上来说，其本质是一首自由诗，但其语言比真正的诗歌更加通俗，结构较为松散，表达更抒情。《天路》是一个较为特殊的文本，其教学价值很丰富。这个文本最为突出的个性，主要表现在两个方面：

（一）歌词内容的历史厚度和情感表达的亲切细腻

这篇歌词的主体部分，精彩而细致地表现其明确的中心内容和创作者努力刻画和突出的大气而细腻的情感意志。

这篇歌词的主体部分，用简练的诗句传神地讲述了青藏铁路的真实的建设故事。天路建造的困难和意义，建设者的艰辛和牺牲，决策者的智慧和魄力是这篇歌词的历史厚度，也是这篇歌词的文本价值核心。学生阅读困惑中的"天路的特别内涵""歌词的主要内容""歌词的历史意义"等都指向了这篇歌词的历史厚度。

两个故事中，前者生动形象地叙述了高原藏族同胞渴望"铁路修到我家乡"的迫切心情，同时也暗示了铁路建设的艰难性；后者则表现藏区人民对青藏高原修通铁路的欣喜和感恩，强调青藏铁路给藏区带来的幸福的变化。歌词的间接性、含蓄性不仅没有损伤其故事性、情节性，而且前后呼应，两相结合，促使听众更形象地勾勒青藏铁路的建设历程。语言简洁，但故事大气磅礴，历史厚度蕴含其中，这恰是这篇歌词的品质和个性。

（二）歌词的中心意象、意象群落的构造

意象是中职语文教学中一个重要的诗歌概念，在上册的现当代诗歌单元和古代诗歌中，意象这个概念反复被提到，这充分说明了理解诗歌意象的概念、学会剖析诗歌意象的内涵在中职语文学习中的重要性。《天路》就是这样

一篇意象丰富且运用自如的歌词。因此，把握这篇歌词的中心意象以及由此形成的意象群落的内涵是解读这篇歌词的钥匙。

《天路》这篇歌词的中心意象是"天路"，相关的意象还有"清晨""黄昏""神鹰""巨龙""青稞酒酥油茶"等，从而构成以"天路"为核心的意象群落。在这篇歌词中，天路的意象内涵，有虚实两个方面：一方面，实指青藏铁路建设在平均海拔 4000 米以上的青藏高原上，是离天最近的路；另一方面，则是更为重要的内涵，指青藏铁路建设的海拔之高、环境之险、难度之大都是举世少有的以及铁路的建成对青藏一带的经济发展的深刻意义，这条神奇的铁路犹如通天之路，载着雪域儿女驶向发展和幸福之园。因此，这个天路的意象，将自然所指和人文所指融合在一起，非常高妙而精彩。围绕"天路"这个核心意象，歌词创作者还构造了一个相关联的意象群落："神鹰"指代飞机，"祥云"指代天路建设带来的希望，"巨龙"指代行驶在青藏线上的火车，"清晨""黄昏"指代过去和现在。

正是基于这样的认识，我认为，本文的教学价值不仅仅是带领学生感知天路的神奇伟大，更重要的是体验建设之路的不易。而最重要的是，通过学习，使学生对天路的神奇伟大有真切的了解而不是"贴标签"式的知道。通过诵读的形式，让学生以声带情，用情发声，使本文的课程思政价值得到更好的体现。

三、课程思政关键载体

《天路》是渗透"政治认同——坚定中国特色社会主义理想信念"思政教育的优秀载体。从语文教学的角度来说，这篇歌词的文字是比较浅近、直白的，但是这些简单的文字却有着深刻的内涵。这些朴素的文字所涉及的重大事件和解决的藏区经济建设的重大问题是学生必须了解、把握和深刻体悟的。这篇歌词的课程思政关键载体，主要有两种途径：

（一）透过浅近直白的文字，把握和挖掘其背后的历史，全面理解和深刻体悟它们的深邃内涵

了解、把握和体悟这些内容的深度主要取决于学生对文本的领悟和品味。因此，引导学生理解、挖掘、体悟文字背后的历史厚度，是执教者要巧妙引

入和重锤敲打的德育渗透枢纽。

学生的阅读疑惑虽然没有明确进入这样的深度，但这恰恰是推动学生了解这段历史、深刻理解重要历史人物思想境界的思政关键载体与最佳契机。因此，解读歌词所涉及的历史事件是这篇歌词德育的必然路径。

这篇诗歌涉及的重大历史背景：修建青藏铁路是党中央、国务院在进入新世纪之际作出的重大战略决策，青藏铁路的建成，打破了西藏长期封闭状态，结束了西藏自治区没有铁路的历史。早在 20 世纪 50 年代初，中国政府就提出修建青藏铁路的构想。然而，由于当时技术和资金的限制，以及地理条件的复杂性，这个计划并没有立即实施。随后的几十年间，中国进行了大量的勘测与科研工作，逐步积累了修建青藏铁路所需的技术和经验；2001 年6 月 29 日，中国政府正式宣布青藏铁路的建设工程启动；随后，开始了青藏铁路的主体工程建设。整个铁路被划分为多个工程段，分段进行施工。这期间，建设人员克服了诸多困难，包括高原环境、复杂地质条件、工程物资和设备的运输等；2006 年 7 月 1 日全线通车后，青藏铁路正式投入运营。随着时间的推移，对铁路线的改进和优化工作也在不断进行，以提高运输效率、确保安全和可靠性。青藏铁路建设，创造了西藏铁路运输史上的多项纪录：青藏铁路是世界海拔最高的高原铁路；铁路穿越海拔 4000 米以上地段达 960千米，最高点为海拔 5072 米；青藏铁路也是世界最长的高原铁路；青藏铁路还是世界上穿越冻土里程最长的高原铁路。在这个过程中，更为重要的是要引导学生了解藏族同胞目睹铁路修建之时的欢欣和喜悦之情，引导学生通过深入品读语言来理解青藏铁路建设的不易、决策的重大意义。

（二）通过反复、细致品读歌词中具体、生动、形象、隽永的独特意象，体悟其历史厚度和真情实感

这篇歌词的内容和意义并不是简单直接地叙事，学生即便阅读过也未必体悟深刻，因此必须引导学生仔细品味文本细腻的用词、修辞、意象和结构形式，这是落实本篇歌词课程思政最好的突破口。

教师并不是要求学生读新闻稿和历史介绍，而是通过歌词具体、生动、形象、隽永的词语，独特的意象和结构，深切体悟作者字里行间所揭示的厚重历史，所流露出的真情实感和崇敬之意。

这篇文章的课程思政载体既有宏阔概述的一面，又有细腻恰切的一面，而细腻的剖析有益于学生理解其宏阔的历史叙述。用细腻的文本品读的方式引导与分析来推动学生深刻体悟德育品性，才是这篇歌词课程思政关键载体的关注焦点。

四、课堂教学实践

每一届学生对课文的学习实践和体验感悟是迥异的。这些差异，反映出不同时期学生关注角度的变化。在不断地与学生交流中，我主要以几种形式引导学生学习课文：

（一）引导学生关注、查阅相关背景资料

在具体学习实践中，学生通过自查资料，借助师生共同提供的背景介绍，理解这篇歌词所涉及的重大历史事件和解决的建设道路上的问题并不算太难。一些学生还跟随父母或祖父母观看了大型历史纪录片《天路之梦》，对部分情节比较熟悉，能较好地理解这篇歌词所蕴含的深刻意义。

了解这些背景资料，会给学生留下深刻的印象，成为他们了解青藏铁路的建设发展过程、理解并认同藏区人民渴望开通青藏铁路的愿望，对青藏铁路的决策者和建设者的崇敬也就油然而生。

（二）引导学生细读文本，捕捉字里行间的深刻内涵

即使学生对内容有所把握，也不能忽略学生细读文本存在的不足，如不能深刻把握歌词中意象群落的内涵等。因此，我尝试引导学生通过歌词中具体的意象分析来"测试"并引导学生进入文本，关注非常具体的有藏区色彩又有时代特点的一些词句，在意象内涵的解释和具体词语的品味上求真求细，条分缕析。这个过程既有简便易解之处，也有深刻难悟之词。

比如对"清晨"和"黄昏"两个场景的分析，对"把人间的温暖送到边疆""带我们走进人间天堂"两句中"人间"一词的推敲……总之，细读文本，品味浅近、直白词语蕴含的深意，既保证了本节课的顺利进行，又无形中实施了语文课程思政渗透。

（四）课堂上进行师生诵读比赛，深入品味语言

通过整体的诵读节奏和具体的词句处理的不同，让学生评价，在评价的过程中，引导学生深入品味词句，深入理解词句背后对青藏铁路建成的期盼和赞颂。

【教学片段】

师：我们通过对歌曲创作背景的介绍，加深了对这首诗歌情感的把握，那么有没有同学愿意把整首诗诵读一遍？

生：老师，我来试试。

师：非常好，感谢这位同学敢于挑战，需要配乐吗？

生：不需要。（开始读全诗）

师：听到大家鼓掌，说明大家对××同学的诵读非常喜欢，这倒激发了我也想试着朗读的欲望。不过，我要加上一个配乐。（教师朗读，学生鼓掌）

师：接下来，请同学们评价我和××同学的诵读。

生1：我比较赞同老师的读法，因为主题是对藏区人民对天路建成的期盼和感恩，也有可能是配乐的关系，所以你读得比较缓慢，比较深情，慢慢地诉说。××同学读得比较快。因为是前后所表达的感情是不一样的，所以还应该有一些跌宕起伏，老师的前半段可能就是制造一个铺垫，后半段的时候放开了，读得气势磅礴。

生2：我觉得老师对节奏感把握得比较好，在段与段之间有一种情感的递增，第一段稍平，第二段就比较欢快，能感觉到对于青藏铁路建设成功的喜悦。××同学整体情感上相对平缓。

师：还有没有更细致的点评呢？

生3：老师在读第一段时有一些降调和升调的处理，比如"盼望铁路修到我家乡"，老师是降调读的，而××同学是升调读的；老师在下面一句"那是一条神奇的天路"的处理上是升调。

师：我为什么要这样读？

生4：我觉得"盼望铁路修到我家乡"应该是表示期望，或者是很平淡的陈述，并不知道后来铁路真的修成了。

生5：我觉得前面"盼望铁路修到我家乡"如果直接是升调，感情很强烈的话，后面就没有更好的办法把情感推向高潮了。

生6：我觉得"盼望铁路修到我家乡"是因为当时青藏高原还处于封闭的状态，到处是"崇山峻岭"，尚未看到结果，"那是一条神奇的天路"时感情突然高涨，说明已经看到了铁路建成的成果，这其中包含着对修建铁路的喜出望外之情。我从老师和××同学的诵读中都感受到了这种感情，只是××同学表现得不是非常突出。

案例二：廉颇蔺相如列传

【课程思政内容维度】

家国情怀——与国家民族休戚与共的家国同构

【文本出处】

高教版中职语文基础模块下册第六单元

【教学研究】

一、学生阅读困惑

（一）为何蔺相如能从秦王的表现中看出他不愿意换璧？

（二）为何蔺相如那样自信能够完成出使任务？赵王为何信任他？

（三）蔺相如一直对抗秦王，为何秦王会容忍他而不杀他？

（四）蔺相如地位比廉颇高，为何对廉颇那样忍辱退让，连门客都看不下去？

（五）本文题为"廉颇蔺相如列传"，为何详写蔺相如而略写廉颇？

二、文本教学价值

《史记》是我国古代正史之祖，为历代读书人必读经典。梁启超认为《史记》有五种读法，包括以研究著述体例及宗旨为目的而读之，以研究古代史迹为目的而读之，以研究文章技术为目的而读之等。一般关于《史记》的解读多从史学和文学两方面去挖掘其价值。《史记》作为教材放到中职语文课堂里，应该关注其哪些方面的教学价值？从学生的预习问题来看，他们的阅读障碍主要在理解选文内容与结构的内在合理性上。从语文教学的要求来看，经典的教学应该着眼于学生语文能力和思想品德修养的提升。基于这两方面考虑，本课教学应重点关注以下几点：

（一）叙事笔法

其一，前伏后应。比如文章开篇从介绍廉颇蔺相如始，介绍廉颇是"赵之良将"有战功，"拜为上卿""以勇气闻于诸侯"。而介绍蔺相如简简单单，仅交代了他"舍人"的卑贱身份。接下来，笔锋一转，用大篇幅写蔺相如建立功勋的两件事，廉颇似乎消失了。但通览全篇，可以发现开篇这看似闲笔的交代，为后文廉颇负荆请罪埋好了伏笔。

其二，独特剪裁。作为智慧超群的文臣，蔺相如在日常政事的处理上应该有诸多值得一提之处，但司马迁全部略去，单选"完璧归赵""渑池相会""将相和"这三件事来表现人物。为何这样取舍？原因在于司马迁并非要给一个一般的能臣立传，而是要为一个以国家利益至上的贤臣立传。廉颇为赵之良将，但是本篇里找不出廉颇带兵打仗的描写，只有一句话暗示了廉颇的震慑作用——"赵亦盛设兵以待秦，秦不敢动"。反倒写了廉颇出言不逊挑衅蔺相如的不堪表现。因为司马迁不是要称颂廉颇的勇武过人，而是意在推崇他磊落坦荡、以国家社稷为重的高贵品质。

（二）详略处理

主宾式写法，即蔺相如为主，廉颇为辅。这恰是不少学生觉得困惑的地方：明明是二人合传，为何厚此薄彼，详写蔺相如，廉颇却写得很简略？

单从选文里确实难以找到有说服力的答案。需要把眼光跳出选文，放开眼界，去了解司马迁创作《史记》的宗旨。在《太史公自序》里，司马迁这样解释本篇的创作动机："能信意强秦，而屈体廉子，用徇其君，俱重于诸侯，作《廉颇蔺相如列传》。"另外，本篇最后的"太史公曰"里这样写道："知死必勇，非死者难也，处死者难。方蔺相如引璧睨柱，及叱秦王左右，势不过诛，然士或怯懦而不敢发。相如一发奋其气，威信敌国；退而让颇，名重太山，其处智勇，可谓兼之矣！"不难发现，在这两处司马迁都是单独称颂蔺相如，可见蔺相如在本文的位置何等重要！或许从某种意义上来说，本篇实为太史公为蔺相如而作。由此可见，这种详略安排，与作者旨意密切相关。

（三）人物塑造

司马迁从大处着眼，把廉颇蔺相如这些历史人物放在战国风云变幻、群雄逐鹿的历史大背景中进行刻画。具体刻画人物时，司马迁又是从小处着手，选取相对独立但又彼此联系的三个故事来塑造蔺相如的形象。通过"完璧归赵""渑之会""将相和"这三个具体而生动的场景描写，充分展现蔺相如始终以国家利益至上的大智大勇。在这三个场景里，充满着矛盾冲突。秦赵矛盾是贯穿全篇的主要矛盾，将相矛盾是由秦赵矛盾引发的赵国内部矛盾。作者将廉颇、蔺相如的形象放在这些矛盾冲突中进行刻画，在矛盾冲突中表现人物的智勇和气节。此外，侧面烘托和精准生动的语言描写对人物的塑造也起了非常重要的作用。

（四）思想价值

选文塑造了蔺相如和廉颇两个人物。他们都品质高尚、才能出众，且都忠心耿耿、无私无畏地把自己贡献给了保卫国家的伟大事业。其中蔺相如最为作者所激赏，因为他更集中地体现了一个进退有节的臣子所具有的品质。

当我们读到蔺相如在秦廷面对贪婪霸道的秦王所表现出的大勇气大智慧时，我们会为之感动不已，会为赵国感到扬眉吐气。只不过，感动人的不仅是蔺相如的勇气和智慧，更是他为了国家荣辱将个人生死置之度外的大情怀。蔺相如拼死力争的不是个人的荣辱，而是一个国家的尊严。当然，蔺相如更使人感动的地方，表现在他处理和廉颇的关系上。前文中蔺相如给读者留下了强硬勇猛的印象，在面对廉颇时却显得那样怯懦软弱。不仅门客难以接受，读者一样感到不可理解。但是蔺相如的一席话感动了廉颇，也感动了司马迁，更感动了无数后人。他说："吾所以为此者，以先国家之急而后私仇也。"他让的是个人荣辱得失，赢的是国家利益，不愧是进退有节的真贤臣。

廉颇在前两个故事中似乎隐身了，但其实又无处不在。蔺相如两次智斗秦王能够全身而退，重要原因在于廉颇是他前线外交强有力的后盾。正如孔子在夹谷之盟前所言：文事必有武备，武事必有文备。没有廉颇，蔺相如的勇气不仅带来杀身之祸，更会祸及赵国。在决定是否参加秦王设下的鸿门宴时，廉颇、蔺相如计曰："王不行，示赵弱。"这是唯一一次二人在同一场合商议国事的描写，足见在维护国家利益上，两人步调是高度统一的。在"将相和"中，廉颇的形象更加立体饱满，既展现了英雄气短的一面，更凸显了廉颇知错必纠的勇气和以国家社稷利益为重的博大胸襟。

三、课程思政关键载体

三个典型事件是本课落实德育的关键载体。而要品读出历史事件中英雄人物的"英风伟概"，须立足具体的人物描写，读出人物精神；捕捉叙事之外的深意，悟出作者态度；揣摩匠心独具的构思，领会古人用心。

（一）领会作者大处着眼、小处着手的用意。蔺相如初登历史舞台，秦国已经历商鞅变法，君臣上下雄心勃勃，开疆拓土，虎视眈眈。而赵国惠文王继承赵武灵王的基业，国力也不弱。秦国以空言求取和氏璧，就是想试探一下赵国君臣的态度，挫其锐气，长己威风。蔺相如就是在赵王面对秦国赤裸裸的诈骗而不知所措的时刻，肩负起赵国的荣辱走上历史舞台。在战国风云变幻、群雄逐鹿的历史背景衬托之下，蔺相如的非凡智慧和勇气，誓死维护赵国利益和尊严的形象就更加凸显。

（二）领会作者在矛盾中刻画人物的匠心。秦赵矛盾是贯穿全篇的主要矛盾，廉蔺矛盾是主要矛盾引发的次要矛盾。在秦赵矛盾中，赵国面临的是外交上被欺诈、被凌辱的困境，而且都是两难问题，难以妥善解决。越是困难，越是棘手，越能体现蔺相如非凡的智勇，彰显他不顾个人生死捍卫国家尊严的精神。蔺相如妥善解决了秦赵矛盾，因而得到飞速提拔，地位跃居廉颇之上。而开头两人身份地位悬殊，为后来的将相矛盾埋下了伏笔。解决秦赵矛盾，蔺相如需要随时舍弃个人生命，而要解决和廉颇的矛盾，蔺相如需要舍弃的是个人的荣辱。他放下卿大夫的颜面，折节廉颇，却让其形象因此更光辉动人。

（三）关注多角度描写人物的手法。选文中对蔺相如的描写有正面描写，包括蔺相如的个性化语言描写、神态描写和动作描写。比如，我们可以从蔺相如与赵王的对话中感受其委婉得体的语言，从蔺相如与秦王的对话中感受其刚柔相济、誓死力争的智慧和勇气，从蔺相如与群臣的对话中感受其机智敏捷、不卑不亢等。此外，侧面烘托对人物形象的塑造也起了重要作用。比如，缪贤荐贤一段，也是侧面烘托，让读者未见其人先闻其名，为蔺相如出场造势。

（四）细细推敲语言，领会蔺相如高超的说理智慧。《史记》语言艺术高超，文中可品读的地方很多。比如，"王必无人，臣愿捧璧往使"。"必"字用得很有分寸，既知赵王"求人可使报秦者，未得"，却用假设的语气委婉地表达自己为国效力的意愿。又如，"相如前曰""相如前进缶""五步之内，相如请得以颈血溅大王""相如张目叱之""左右皆靡""相如顾召赵御史"等动作、神态描写。用词准确生动，每一个词都清楚地表现蔺相如当时紧张激烈，但又一丝不乱的心理活动。

（五）推敲本文独特的构思艺术。比如本文的主宾式写法。学生最感到困惑的地方就是，本篇是合传，为什么作者详写蔺相如而略写廉颇？似乎内容与标题不相符合。引导学生联系《太史公自序》中的相关陈述，就不难发现如此安排与太史公对蔺相如以国家利益至上的高尚品质的激赏大有关系。

四、课堂教学实践

（一）诵读法

对于传世经典，反复诵读无疑是最好的学习方法。本篇语言雅洁生动，文气流畅，读来朗朗上口。课上宜让学生以多种形式诵读，在诵读中感受故事情节的跌宕起伏，体会语言的生动精妙，把握人物的思想情感及精神品质，最终"契其神味"。

（二）质疑辨难法

本文字面意思比较容易疏通理解，但学生对内容和结构的内在合理性存有不少疑问，因此课上可以让学生进行质疑，组织辨析讨论，加深对本文主旨的理解。本课例前面列出的问题是某所市示范性学校学生提出来的具有代表性的问题。这些问题都是文中看似矛盾之处，大致关乎人物详略处理、构思艺术、蔺相如说理智慧等方面。这些矛盾恰恰是解读文本的关键之处，有必要通过质疑辨难扫清学生的阅读障碍。

（三）知人论世法

《史记》首先是一部正史，其次才是文学。因此，读《廉颇蔺相如列传》不能仅将它定位在"传记"上，也不能把视角局限在文本之内。如果孤立片面地去读本篇文章，可能就与司马迁的良苦用心擦肩而过了。教学时，应该补充资料，引导学生了解司马迁创作《史记》的宗旨，以及为廉颇蔺相如等人列传的意图，知人论世，全面把握本文意旨。

案例三："探界者"钟扬

【课程思政内容纬度】
工匠精神——探索创新的价值取向
【文本出处】
高教版中职语文基础模块上册第五单元
【教学研究】

一、学生阅读困惑

中职生对当代名人故事较为感兴趣，但往往关注的是故事情节，而忽略了对文本的细细解读和对文本主旨的感悟。为了精确把握学情，我选择了本校一年级五个班各十名学习能力较强的学生进行问卷调查，学生的阅读困惑如下：

（一）"探界者"是什么意思？"界"的含义有哪些？

（二）课文为什么以"拟南芥"这种植物作为开头？

（三）"'英雄'少年"部分，其中的"英雄"作何理解？结婚时，钟扬24岁，已经不是少年了，作者为何还要把结婚这件事放在这一部分中？

（四）课文从哪些方面展现了钟扬的形象？

（五）作为2018年度感动中国人物，钟扬教授给了我们哪些启示？

二、文本教学价值

2017 年 9 月 25 日，著名植物学家、复旦大学研究生院院长、西藏大学教授钟扬在出差途中遭遇车祸，不幸逝世，年仅 53 岁。钟扬不幸离世的消息令学界深感悲痛，许多学者和记者纷纷以各种形式撰文纪念这位良师益友。本文就是《中国青年报》记者撰写的一篇报道。

结合单元目标（读课文边读边想）、文本重点和学生的阅读困惑，本文的核心教学价值就是引导学生通过品读关键词语，逐步感悟钟扬"对于教科研、对于教学工作孜孜不倦"的品质，将精益求精、执着创新的种子无痕地植入学生的心中。

三、课程思政关键载体

（一）他是倔强的拟南芥

课文开头用拟南芥开篇引出钟扬，突出钟扬的成就、价值和生命意义。

在钟扬的科研生涯之中，有一种植物特别重要，那就是他在青藏高原上发现的拟南芥。拟南芥有着平凡的一面，这种细弱的草本植物分布极广，在自然界中几乎随处可见。然而，拟南芥也有非凡的一面，它总是能在人们难以想象的恶劣环境中生存，能够在连植物学者都很少涉足的青藏高原上顽强生长，生生不息。课文从拟南芥写起，不仅揭示了文章主人公钟扬的多重身份——植物学家、援藏干部、教育专家等；而且还有助于揭示人物品格。因为植物学家很少涉足西藏，而钟扬却凭执着的品格在西藏发现了拟南芥，他就像那倔强的拟南芥，在科学的大地上顽强地生长，不断寻找旁人未曾涉足的角落。

（二）他是"不安分"的"英雄"少年

课文第二部分介绍青年时期的钟扬，交代他的成长和坚定、乐观、"不安分"、雷厉风行的性格特点。

他羡慕那些考上大学的同学，渴望成为那样的"英雄"。后来因为与父亲赌气而考上中科大少年班；上了少年班后努力补习自己的弱科；无线电专业毕业却进入了植物研究所工作，他用两年的业余时间旁听武汉大学生物系的课程，从而有了充足的知识储备；面对犹豫不决的妻子，他采用"胁迫"手段与之结婚。可见"英雄"指的是一种勇于向困难挑战、不服输的精神。现如今，随着我国教育事业的发展，考上大学的难度比起以往来说要低了很多，但这种"英雄"精神是永远值得我们学习的。在中职学校当中，学生们正处于朝气蓬勃、意气风发的少年时期，他们每个人心底都有着一个"英雄"的梦想，也都有着成为英雄的潜能。作为老师，应当引导学生正视自己的梦想，并为之付出努力，就像钟扬教授一般，他能够取得这么显著的成就，少年时期的勤奋学习发挥了不可或缺的作用。

（三）他是"毫不将就"的种子达人

这一部分主要介绍钟扬在植物种子研究方面的贡献，突出其淡泊物质、爱岗敬业的品质。

1. 对生活品质的"不讲究"与对工作的"不将就"形成鲜明对比，凸显其任劳任怨、无私奉献。

2. "作为一个植物学家……"一段的语言描写，既表现出他的工作热情，又展示出他性格的幽默风趣的一面，人物形象更加鲜明。

3. "惊险和惊喜并存"：惊险，指工作环境，随时都会有生命危险；惊喜，指工作有收获，能采集到珍贵的种子样本。

4. 采集到世界上生长在海拔最高处的种子植物（鼠曲雪兔子）的典型事例，表现了他为我国的科研事业而不畏艰辛、不懈努力。

（四）他是热爱科普的科学队长

这一部分主要介绍钟扬在科学普及方面的工作成就，突出他在科普工作上的才华和热情。

1. 开头直接引用钟扬的语言"生命诞生以来……"，表现了他的专业素养和敬业精神，而且语言与他的身份相符合，科学而严谨。

2. 钟扬对建自博馆付出了很大的努力，文章引用设计部主任的话，从侧面表现了钟扬对自然科学普及所做的贡献，体现了他的责任与担当。

3. 跟上海科技馆合作，有很多身份，都体现出对科普工作的火一样的热情，突出他对科普事业的热爱。

4. 从上海实验学校一位学生的介绍中可以看出，钟扬在科普工作中什么都干，什么都做得令人肃然起敬，并归结到钟扬的育人上，从侧面突出他的工作上的热情和才华以及对人的影响。

（五）他是诲人不倦的"接盘"导师

这一部分主要介绍钟扬在教学上的传道授业，突出他对教育的责任担当和关爱学生的品质。

1. 负责接收"转导师学生"，表明他的质朴、仁爱、责任心和担当精神。

2. 引用钟扬自己的语言"培养学生就像我们……"，把培养学生比喻为采集种子，表现对教育工作的强烈的责任感。

3. 博士生的回忆，表明钟扬对学生的关爱，不怕学生底子薄、基础差，努力帮助学生成长。

4. 钟扬的学生中，各方面的人才都有，而且"各显神通"，再次运用侧面烘托的手法，以学生的成功烘托钟扬教育的成功。

（六）他是奉献不息的"生命延续者"

这部分介绍钟扬对生命意义的理解，突出他忘我工作的崇高精神。

1. 线虫的实验证明，改变基因是可以控制生命的长短的，但代价是丧失生育能力。钟扬的回答表明，如果要放弃工作来实现长寿，那对他来说，这样的长寿是没有任何意义的，由此引出钟扬对生命意义的思考。

2. "在一个适宜生物生存与发展的良好环境中……"用钟扬自己的话进一步阐述了他眼中的生命的意义就是奉献自我。

3. 西藏大学老师展示的钟扬 2017 年 6 月 24 日的工作安排，表现了钟扬对待工作的"时不我待"的拼命精神。

4. 钟扬的愿望很多，他感觉自己的时间太短了，在他心目中，工作、愿望比生命更重要。

5. 结尾呼应文章开头，对钟扬来说，生命的意义，就是拓展生命的高度和广度。

最后，我们要引导学生在分析品读课文的基础上总结。这篇报道多方面、多渠道搜集材料，多角度、多层次地表现人物。文章从植物学家、科普达人等角度，选取钟扬的典型事例，既介绍他少年时的经历，有展现他工作后的多方面的付出；选择的众多人物中，有钟扬的亲人、同事、朋友、学生等；描写的角度有钟扬工作方面的，有生活细节方面的。文章所记事件虽然很多，而且看起来有点"乱"，但都是围绕着一个主题（讴歌钟扬的爱岗敬业、牺牲奉献精神）来安排的，所以又散而不乱，多而集中。

四、课堂教学实践

（一）抓课文题目，释题知意

由"感动中国 2018 年度人物颁奖词"引出对题目的探究。再由课文题目的解释引入对课文框架以及主要事迹的初步了解。

（二）抓中心句，逐层推进

分解任务 1：称之为"探界者"，因为其跨越了多个领域，拥有多重身份。在这些身份中，他又做了哪些事情？请大家带着调查表走进课文。

分解任务 2：我们被他感动，因为他如蜡烛，燃烧生命，点亮中国植物学科研之路，点亮无数学子求学之路；我们也为他惋惜，这样一位无私奉献、心系天下的老师因为一场车祸，将生命定格在 53 岁。我们有诸多感触，那么，作者又是如何看待这个人、这些事的呢？

通过逐层推进，因言求意，既能有效落实"读课文边读边想"这一单元的教学目标，又能让学生看到钟扬教授真实而伟大的"探界"人生，培养爱岗敬业、不计得失、无私奉献的工匠精神。

（三）抓朗读，促情入心

中职学生活泼、好表现、好模仿，在教学中可充分运用多种朗读形式，范读、分角色读、表演读等，要让学生一遍遍读，有目的地读，有感情地读，有提高地读。例如，学习第三段时，可以让学生表演读，加深对"可亲""可敬"和"可爱"的理解；又如，创设"天寒地冻"的情境，师生接读，体会高原反应的危险，以及"你们能爬，我也能爬"这份坚持背后的敬业精神。浅浅短短的文字，相信只要读进去了，理解深了，就能读出温度，读出余味。

总之，在课堂教学实践中，要遵循"感知—理解—内化"的语言学习规律，努力体现语文课堂中"德性"和"智性"的和谐并行，把"工匠精神"的种子悄然撒播，无声地滋润每一个学生的心田！

五、教学片段

师：请大家关注一下，课文的大标题叫"'探界者'钟扬"，我想请问大家，我如果把"探界者钟扬"改成"劳动者钟扬"作为题目好不好？有同学说这一单元就是围绕劳动展开的，那我就把题目干脆直接变成《劳动者钟扬》好不好？

生：不好。

师：为什么不好？思考一分钟，我找同学回答，为什么不好了？探界者在说什么呢？

哪位同学你觉得组织好的语言，请大家小手摇摇，踊跃发言哈。

生：我觉得如果改成劳动者，就不能说明钟扬的特点，劳动者是极其广泛的一个词，钟扬是一个劳动者，但劳动者不只有一个钟扬。如果用探界者的话，就可以表示出钟扬在科学的领域探索，还有钟扬在人类的边界不断探索的那种品质。

师：哦，你说的答案有两层意思：第一，劳动者不只是钟扬，钟扬不足以点带面，只是种精神，对不对？好，第二个，如果换成探界者的话，才足以表现钟扬他在整个劳动、整个工作、整个生命当中的一种精神，对不对？好，非常好。我觉得此处应该有掌声。还有哪位同学有补充吗？他已经说得很好了，再补充一下。

生："探界者"跟下文的内容有所联系，课文还介绍了钟扬在植物界、科学界、教育界等各个方面作出的贡献。

师：好，钟扬在植物界、科学界、教育界这三界当中都作出了卓越的贡献。还有吗？很棒，他又有所补充。我们再进一步整理一下，钟扬究竟探了什么界？植物学之界，还有……教育之界，教书育人之界，还有继而探寻生命之界。这也就契合了我们文章的结构。文章的什么结构？你看我们刚刚只关注了几个小标题，却没有关注小标题之前的文字，它在干吗？

生：在……在引出钟扬不同的身份角色，也在高度地概括钟扬的精神品质。

师：（给学生鼓掌）好，看来大家都已经理解到了我们这篇人物通讯的人物的精神。可是钟扬这个人，他很伟大，但是伟大的人物生命也是有限的。钟扬通过他不懈的耕耘，辛勤的劳动，忘我的付出，谱写了一曲又一曲辉煌的人生篇章。但是就是这样一个伟大的劳动人物，有一天，他的生命戛然而止。钟扬用他的典型事迹，优良的精神品质，时刻激励着我们，虽然他已离我们远去，但是这种精神永远照亮着我们。我们很难过，我们缅怀这样一位伟大的人物，他时刻感动着我们，他也感动着中国。所以中央在他因意外逝世的第二年，评选他为感动中国十大人物之一。我想此刻让我们一同带着我们的崇敬，向这位先辈致敬。

生："超越海拔六千米，抵达植物生长的最高极限，跋涉十六年，把论文写满高原。倒下的时候双肩包里藏着你的初心、誓言和未了的心愿。你热爱的藏波罗花，不屑于雕梁画栋，只绽放在高山砾石之间。"

师：好，我们现在来理一下这个颁奖词。你觉得颁奖词应该怎么写？特点是什么？来说一说最直观的感受。我们也阅读了文本，也了解到了钟扬。来说一说。

生：概括了钟扬的主要的贡献

师：也就是典型的事件要融入，对吗？好，请坐。还有吗？

生：语言很精炼，还有每句的最后一个，像极限、十六年、高原、心愿、之间都押一个"an"韵。

师：好，还押韵语言了，你刚才说语言很精炼？但是精炼还不够呀，除了精炼以外还有什么特点？言语它？怎么样……美呀。我知道，因为它太美了，所以你们直接就吸收了，所以就没有把它表现出来，是这样吧？好，还有吗？我问你：钟扬是一个什么人？什么身份的人？植物学家。那我请问你，我把这个颁奖词拿给另外一个人用，可不可以？为啥不行？有没有发现他非常的特别，对不对？它特别在哪里？它特别在雪域高原，它特别在藏波罗花，是不是？所以我们在写颁奖词的时候还要注意融入一些个人鲜明的物象，对不对？好，语言简洁优美，还要彰显人物的精神品质。那么既然都了解到了，来，我们一同感受劳动之美，尝试再给钟扬写一个颁奖词，给大家 10 分钟的时间来写，看清楚我们刚刚的要求。第一要符合人物的身份，融入典型的事件物象，还要抓住人物的精神，让它闪闪发光。

案例四：优雅的汉语

【课程思政内容维度】

文化自信——认同并热爱中华民族的优秀传统文化

【活动出处】

高教版中职语文基础模块上册语文综合实践活动

【教学研究】

一、学生实践困惑

（一）为什么用"优雅"来形容汉语？

（二）汉语语言优雅，为什么青少年会对母语缺少自信心与自觉意识？

（三）语言是交流工具，其存在取决于人们的接受与使用，既然如此，渐渐被冷淡的优雅汉语的一些词语为何必须被传承？

（四）为了传承优雅的汉语是否应该接受时代的改变？

二、活动教学价值

综合学习"优雅的汉语"的思政价值不同寻常、思政实践意义不同寻常，关乎我们的精神家园，关乎国家民族的未来，关乎现代中国人的精神发展。我们的母语曾经优雅，这门世界上最古老的、诞生过唐诗宋词元曲和《红楼梦》的美丽语言，曾让我们诗意地栖居。但是近代中国被西方列强侵略之后，国人对中国文化的不自信，波及汉语，汉语被一次次冲击。

近年来，互联网快速发展，由此产生的网络语言无疑是对伤痕累累的汉语再一次巨大的侵袭。汉语日益粗鄙凶悍。今日之"悍"语，与百年前的风雅文言无法同日而语，300亿条春节手机微信早已取代了鸿雁传情和"床前明月光"的诗意。粗鄙的口水诗歌、粗俗的网络语言，汉语的优雅荡然无存。今日的学生已经开始"集体失语"，已经不能辨别什么是优雅的汉语，更难以用优雅的汉语来清晰地表情达意。所以通过综合学习活动，从网络语言和语言的粗鄙化入手，是解决这场"危机"的一次努力。在综合学习活动的过程中让学生通过小组的比赛活动，识别、分析网络语言的粗鄙和网络语言发展的趋势及其对汉语的影响，从而认识优雅的汉语才是中华民族真正的根，才是中华文化真正的源头。要让学生自觉意识到保持汉语的纯洁性、捍卫汉语的美丽迫在眉睫，要用"生命"来捍卫汉语的优雅。

三、思政关键载体

综合学习活动中主要的德育载体有以下四个方面：

第一，通过小组比赛活动让学生辨识网络语言的粗鄙并认识其粗鄙化的加快。通过网络语言意义的识别和对近年来年网络语言粗鄙化的认识，让学生意识到什么叫作语言的粗鄙？语言的粗鄙就是语言的粗俗鄙陋。网络语言的粗鄙是没有文化、没有涵养、没有分寸的直接表达，破坏了汉语的优雅性。汉语是优雅的，但是目前网络语言在虚拟的环境下，破坏了汉语的含蓄、蕴藉等美感和文化的养分。负偏离的网络新成语往往求新求异，晦涩难懂，内容消极，负面影响较大。它们的特点是语音、语义、语法偏离，破坏了汉语的规范性。随着互联网的快速发展，语言粗鄙化的现象越来越严重，而我们离优雅越来越远。

第二，通过小组比赛活动让学生认识粗鄙化的语言对我们精神层面的严重损害。通过网络爱情诗和传统经典爱情诗的对比来了解粗鄙语言背后缺失的正是"中国的文化"。口水诗歌是对唐诗宋词的侮辱，是对汉语的侮辱。这样的诗歌缺乏的是"两句三年得，一吟双泪流""吟成五百字，用破一生心"认真严肃地对待诗歌创作的精神；缺乏的是历史的、现实的、命运的、道德的、民族传统的、个人信仰的、国家兴亡匹夫有责的诗歌应有的"兴、观、群、怨"的承载；缺乏的是品位、内涵以及诗歌的魅力和可读性。没有了意象、没有了审美甚至没有了内容，这是汉语从"世俗"向"粗俗"的转变。诗词的语言应该是深沉的、蕴藉的、美丽的、发自肺腑的，不是矫揉造作的、低俗的。然而，我们接受了这种语言的侵袭，有时已经近于麻木，汉语的危机实质是我们精神层面的危机。

第三，通过小组比赛活动让学生认识汉语粗鄙化的深层原因。通过了解网络语言加速语言粗鄙化的现象，了解网络粗鄙语言已经渗透到了大众传播的各个层面，网络粗鄙语言在传播中已成常态。如绿茶婊、逗比、高大上、完爆、土肥圆、脑残、骨灰级、毛线、灰常等词，不仅在网络上广为使用，人们在日常交流中也广为使用，书面的表达也并不鲜见。网络语言粗鄙化带来了较多负面的影响：大众传播语言使用不规范；学生汉字书写和汉语写作问题百出等。这些危机根本的、深层次的原因是什么？

第四，通过小组比赛活动让学生树立自觉捍卫母语纯洁的意识。汉语的形态优美、音韵优雅、意境温婉，保持汉语的纯洁性是捍卫民族的文化，捍卫精神的家园。

四、课堂教学实践

（一）课前活动

1. 让学生预习中职一年级第一学期语文综合实践活动"优雅的汉语"的内容。

2. 让学生上网了解近 10 年网络流行语。

3. 让学生上网比较中国历代爱情诗歌和网络爱情诗歌的语言区别。

4. 让学生思考网络语言是否加速了汉语粗鄙化的进程。

（二）课堂实践

【教学片段】

1. 网络词语记忆比赛，请学生说出视频中五处以上的网络词语

视频：《我们身边的网络语言》

主题："篮球赛后"——两位学生的言谈

视频文字：

甲：总算结束了这场让人可怕的比赛。

乙：我去，回想一下刚才那些场景就够我笑一个星期了。

甲：我本来以为我们班自己挖的坑已经很深了，没想到……

乙：呵。别班还有把自己埋起来的……

甲：想想那个开始让人姬动的进攻。

乙：居然血冒了。

甲：那个时候我还在想我们班怎么又被血冒了。

乙：现在真的很想给差评！又没投进！鸡动个什么。

甲：我们还曾立下山盟海誓……

乙：说好的不放水！！说好的要把对方虐得爬不起来的呢！！

甲：场上的人下场之后直接找一块豆腐炖着吃了算了！

乙：我突然想起场上还有一个人被称为年级中的眼神杀手。

甲：噢噢噢，你说的是那个站在篮前用眼神防守的触触！！

乙：这触触也太可怕了，会不会打啊！

甲：楼上机智，看现在下来都不知道怎么被围攻的！可怜。

乙：还有那个结束前被称为"神的两分钟"的场面……

甲：神的两分钟之内居然出现了恶犯！

乙：现在总算是结束了，简直了！真是打得太烂了？？

甲：还不如回教室写作业呢，真的是够了！

2. 深入探究网络语言对汉语的影响

（1）网络流行词语释义比赛

第一组：大咖、斑竹、潮人；蚁族、富二代、高富帅；恐龙、姑凉、粪青；叫兽、苦逼、屌丝。

第二组：PK、海选、作秀；打酱油、雷到、给力；屌炸天、吓尿了、草泥马、我去。

（2）用优雅的汉语替代粗鄙英语翻译的比赛

If you do not leave me, we will die together.

翻译一：如果你不离开我，我们会死在一起。

翻译二：如果不滚开，我就和你同归于尽。

（3）传统爱情诗背诵比赛

请两位学生朗诵一首网络口水诗歌，并请学生即兴背诵传统诗歌中的"爱情"诗。

（4）请学生将网络爱情诗和传统经典爱情诗作对比，从诗歌语言的特征来比较分析网络爱情诗的粗鄙之处。

（5）请学生指出网络语言加速语言粗鄙化的现象。

（6）请学生分析网络语言加速语言粗鄙化的过程和原因。

(7) 请学生思考如何面对语言粗鄙化？

3. 欣赏优雅的汉语

视频：《我们身边的优雅语言》

主题："篮球赛后"——两位学生的言谈视频文字：

甲：总算结束那场扣人心弦的比赛了。

乙：想想那场景，我真是无言以对。

甲：我本来以为我们班已是够厉害了。

乙：别的班还有更出类拔萃的。

甲：想想刚才那个令人激动的进攻。

乙：居然被"盖帽"了。

甲：那个球也能被截掉，对面的球员可真是技压群雄。

乙：我不这么认为，我们的前锋都投不进，装什么盖世英雄。

甲：嗨，我是觉得场上的人打得实在是有点差劲。

乙：你有能力你上场打啊。你忘记对面那最有价值的球员了啊！

甲：哦！你是说那个三分球打得令人目瞪口呆的球员啊！

乙：那位高手太可怕了，其技艺真是高超！

甲：足下言之有理，照此看来不知场上会有怎样的血雨腥风了。

乙：我们的内线太弱了！那一刻我真是心如刀割！

甲：啊，总算结束了，简直浪费时间！不如我们回教室写作业吧。

（三）课后活动

1. 选择一部电影或一个电视剧的片段，指出其中的不雅汉语。

2. 写一个青少年如何阅读经典书籍积累优雅汉语的建议。

案例五：山居秋暝

【课程思政内容维度】

审美意识——发展较高层次的审美能力

【文本出处】

高教版中职语文基础模块第三单元

【教学研究】

一、学生阅读困惑

（一）如何从诗韵中读出诗意？

（二）诗歌有怎样的意境之美？

（三）诗歌如何体现王维"诗中有画，画中有诗"的特征？

二、文本教学价值

（一）古典诗歌中的美学

"读书百遍，其义自见"，读古典诗歌也是如此。读诗的过程中，既读懂了诗意，也感悟了诗情。这意和情的相融，能使人充分领略诗歌之美。《山居秋暝》是一首律诗，在课堂教学中，能否引导学生读出美来，让学生感受到古典诗歌中的美学意境，是个值得探究的话题。

中国古代的诗歌虽没有现代诗歌形式自由，但其中所蕴含的韵味更厚重，也更有情致，而且往往饱含作者强烈的家国理想。所以，诗歌是一种能让人读着就沉醉其中的艺术，无论是形象还是意境，都回味无穷。而这种回味留给人的就是一种鲜明的审美愉悦。

王维的诗一方面表达对功名理想的追求与向往，另一方面将音乐、绘画与自然山水有机地结合起来。诗中有画，画中有诗，展现出一种空明的境界和宁静的美感，让你在诗的意境中沉醉，更让你在沉醉的同时充满对这首诗的想象，让你感觉诗中有一种勃勃志气，也会有一种隐逸、洒脱的心情。

《山居秋暝》就是这样一首诗。王维所居辋川别墅在终南山下，故称山居。山雨初霁，秋山如洗，秋意渐起。时近黄昏，日落月出，松林静而溪水清，浣女归而渔舟从。如此清秋佳景，风雅情趣，自可令王孙公子流连陶醉，忘怀世事。此诗以一"空"字领起，格韵高洁，为全诗定下一个空灵澄净的基调。全诗动静结合，相辅相成，相得益彰。月照松林是静态，清泉流溢是动态。前四句写秋山晚景之幽静，五六句写浣女渔舟之喧哗。诗之四联分别写感觉、视觉、听觉、感受，因象得趣，因景生情。还有一点值得注意：古代文人多借清秋而写悲伤之意，此诗则属乐秋之佳作。

这样一首诗，短短数句，却是有山有水有人语，极尽变幻之美。课堂教学中能不能让学生读出这种美，感受其中的美？教师可以采用哪些适当的教学手段加以启发和引导？这是本堂课想要尝试探讨的。

古典诗歌本身所具有的音韵美可以借助吟诵的方式来感受。"三分诗，七分读。"在古诗鉴赏中，"读"是重要的手段。准确地读，有技巧地读，有情感地读，口齿清晰，抑扬顿挫，节奏分明，情意饱满。在读中让学生产生快感，产生美感；在读中深刻体会诗人、词家的审美态度和思想感情。

古典诗歌中表现的意境美可以通过文字的赏析来体悟。诗中的美无处不在，问题是如何去发现和感受这些美。诗中有意象，意象构成画面，画面营造意境，意境带给你审美的享受。诗人刻意选择的文字背后隐藏着丰富的内涵。教师有效点拨，可以帮助学生快速走近诗人，走进诗歌。从文字之美到文字营造的意境之美，得到真正的审美体验。

（二）王维诗歌中的诗画合一

苏轼在《书摩诘蓝田烟雨图》中说："味摩诘之诗，诗中有画；观摩诘之画，画中有诗。"高度概括了王维诗"诗画合一"的艺术特色。诗歌与绘画是两种不同的艺术门类，但是在这首诗中体现出高度的融合。

《山居秋暝》作为五律名篇，作为山水田园派的代表作品，自古被人称颂。诗人描摹山景和山居生活，往往寄托淡泊、宁静的人生境界。这首诗切切实实地展示了山水这种自然美，凝聚了孤独清名、自由自在、淡泊宁静的人文精神。作为画家，王维亦有独到的审美趣味，虽是文字，却在文字中勾勒画面，体现出中国传统水墨山水的艺术特点，有实有虚，有高下参差，有明暗变化。对学生来说，一方面在读诗，另一方面又在赏画，真正体现了"诗画合一"的特点，真正是两种艺术形式的融会贯通，而且自然成韵，无迹可寻。

三、德育关键载体

（一）山水之美，自然情怀

古人有云："登山则情满于山，观海则意溢于海。"大自然的山水钟灵毓秀、风情万种。自古以来，文人墨客总是喜爱投身于自然山水之中，怡情悦性，吟哦歌咏。这种对自然山水的热爱发乎内心，可以陶冶心性。对于学生而言，优美的诗句带给他们文学的享受，美妙的诗境引发他们对大自然的渴望和赞美。中国广袤的大地上，有无数引人向往的奇山异水、幽谷深涧、飞瀑流泉，山川逶迤，江流蜿蜒……这些美好的山水奇景可以洗涤心灵，让人感受自然之美，也可以激发人内心深处的爱国情怀。从中国传统文化的角度来看，山水文化既丰富了中国文化，也丰富了中国人的生活。

（二）脱俗之求，人格境界

山水在中国古代文化中有着重要的意象和意义，它对中国文化影响至深，直接影响了几千年来中国文人的心态和中国文化艺术。山水是中国古代文人生活的一部分，寄情山水、隐逸江湖是中国文人的一大梦想，也是中国文化两条主线之一：庙堂之上的朝廷正统文化和江湖之上的山水文化！游山玩水，是古人的一种生活内容。对于中国文化来说，它不仅是古代文人的一种生活和休闲方式，也是文人修身养性、感悟佛禅道义、体验儒教天人合一的生命形态的好地方，更是他们生活态度和精神追求的象征。

"仁者乐山，知者乐水。"古人将人的品格、气质、胸怀、志趣都同自然界的山水联系起来，将个人的审美情趣与道德修养置于大自然之中，让山水人格化，以人格化的山水来比喻人的节操、格调、品位。而这也正是儒家所提倡的，所谓以山水比德智。同样，道家也追求"道法自然"的和谐统一，追求"天地与我并生，万物与我为一"的生存理念和精神境界。

《山居秋暝》是王维诗歌的名篇，也是王维诸多写终南山的代表作。对于王维而言，终南山是他的精神家园。王维在他的人生低谷时期寄情山水，终南山是他最终的选择，在终南山的灵秀中得到了慰藉。他是唐代诗人中最具隐士风范和品格的人。云雾迷蒙，缥缈仙境；清风白云，道法自然。山水的写照是王维对于山水的审美意象和人格道德追求。

学生在读《山居秋暝》时，同样能体悟诗人的情怀、格调、追求。在自然山水中洒脱自在，在闲情逸致中修身养性，这是纯粹的人与自然的交融。

四、学科贯通探究

山水不仅影响了文学，也影响了绘画。在中国画中，山水画独树一帜，成就最高，影响最大，这和文人画家对山水的热爱分不开。

五、课堂教学实践

（一）教学目标

1. 朗读诗歌，感受诗韵。
2. 品读诗歌，领悟诗境。
3. 鉴赏作品，理解诗人的思想情感。

（二）教学过程

1. 王维与山水田园诗

（1）你所知道的王维

晚年居蓝田辋川，过着亦官亦隐的优游生活。喜山水，好游乐，爱绘画，乐于谈佛说禅。王维的画历来被抬得很高，境界不是凡人能够达到的，王维也被尊为中国山水画南派的鼻祖。王维曾和储光曦同隐终南山。从终南山的灵秀之气中得到慰藉。终南山是他的精神家园。

（2）王维与山水田园诗

自然是人类的精神安慰、情感寄托。作为盛唐山水诗派代表的王维，他的诗体现了他的认识、感受及审美心理。他笔下的山水田园已非现实中的山园景致，而是以自己心中的田园来表现一种理想，借景传达闲适、寂静、自如的心境，在追求感情的山水满足的同时，也获得了心灵的情感满足。诗人将山水演绎为禅趣为主而富有清幽情怀的空灵禅境，强化了山水的人文特征和意境的人道文化内涵，因此给诗歌带来了崭新的品质面貌。王维的山水田园诗都有"此景正因此情而现，此情又由此景而生，二者融为一体，形似与神似统一"的共性。在王维的这些诗歌中，景物已是人生之景物、自由之景物、超越之景物，而诗人也已是自由人的形象，已做到了佛家所讲的顺其自然、随遇而安、与世无争，真不愧于"诗佛"的称谓。

2．品读——赏鉴

（1）诗韵诗意

①初读——复读

②解读诗意——再读

再读：轻重、快慢、情感

（2）诗境诗情

①诗中有画

画面想象

②理解情感

写作背景：仕途不顺、丧妻之痛、伪职之耻

寄情山水的慰藉：清淡、旷远、脱俗；赞美、惊叹、乐不思归。

3．"诗中有画"的情意美

首先，教师提供绘画创作思路：

（1）"移步换景，景随人移，定格画面"，四句诗就是四幅画面；

（2）"自主取舍，主观表达，创意构图"，根据诗的整体意境进行取舍构图，主观表达。其次，品味诗歌意象，选择入画元素。学生思考提取可以入画的元素，包括诗中出现的内容以及诗中并未出现的内容。

（3）教师出示一系列这些元素相关的绘画作品，供学生参考借鉴。

（4）教师布置作业，根据终南山诗词意境进行配画，勾勒草图并谈创作思路。并提出作业要求，即自主取舍，构图合理；以少总多，表达意境；主次分明，虚实相映。如何选择工具、材料和表现形式？学生独自勾勒草图，创意绘画，并且进行交流展示，谈绘画思路。

（5）教师出示《山居秋暝》的绘画作品供学生欣赏，其中有名家作品，有教师作品，也有学生作品。表现形式也各不相同，有国画、油画、铅笔素描等，以启发学生开拓思路，为下一节课的作品创作奠定基础。

4．小结——诗画合一之美

案例六：哦，香雪

【思政内容维度】

身心健康——良好的自我管理和调节能力

【文本出处】

高教版中职语文基础模块上册第三单元

【教学研究】

一、学生阅读困惑

（一）为什么台儿沟的姑娘们每天都对只停留一分钟的火车充满热情？

（二）香雪用极大的代价（四十个鸡蛋和夜行三十里路）只为换取铅笔盒，这是虚荣的表现吗？她这样做值得吗？

（三）课文题目是"哦，香雪"；文章结尾则两次提到香雪："哦，香雪！香雪！"用了两个感叹号，语气强烈——作者想借此表达对香雪怎样的情感呢？

（四）文章到底要表达什么？

（五）本文虽然是小说，但和一般小说读起来的感觉不太一样，这是一类什么样的小说？

二、文本教学价值

小说《哦，香雪》是沪教版高中语文第二册第四单元的一篇课文。该单元一共有四篇课文，都是小说类文章。小说是人们熟悉的一种文学体裁，也是学生阅读热情最高的一种文学体裁。小说虽然是作家虚构的艺术作品，但这些虚构往往来自作家对生活的认识、理解，反映当时真实的生活，寄托了作者的理想。《哦，香雪》是当代女作家铁凝的成名作，发表于 1982 年，获得了当年全国优秀短篇小说奖。小说以一个偏僻、落后、贫穷的小山村台儿沟为背景，通过对香雪等一群乡村少女的心理活动的生动描摹，叙写了每天在台儿沟只停留一分钟的火车给一向宁静的山村生活带来的波澜，表现了现代文明给人们带来的希望与惆怅的双重主题。在表现山村姑娘的自爱自尊和她们纯美的心灵的过程中，特别表达了姑娘们对山外文明的向往和想改变山村封闭、落后、贫穷的状况的迫切心情。小说更深刻的意义在于：借小山村台儿沟的一角，借普通的乡里少女看似稚嫩可笑的心理活动发掘时代思潮的波澜，表现了20世纪80年代改革开放初期，中国摆脱封闭落后，走向开放、文明、进步的痛苦、艰难与喜悦。

一般的小说，常常是通过丰富的情节来展现人物形象，进而揭示小说主题的。而《哦，香雪》这篇小说虽然也有故事情节，但它没有曲折的情节设置，没有复杂的人物关系，作者更侧重于捕捉人物的内心活动，从而表现人物的理想与追求等。它更像是一首优美纯净的诗歌，在如诗如画的文字中展现人物对现代文明的无限憧憬。正如孙犁给铁凝的信中所说："这篇小说，从头到尾都是诗……这是一首纯净的诗，是清泉。它所经过的地方，都是纯净的境界。"对于这样一类侧重人物心理活动的饱蘸了作者深情的诗化小说，就不能像学传统小说那样逐一分析小说的三要素，而是要引导学生努力体会人物内心世界的细微隐秘，从而准确把握作者倾注在人物身上的情感。

可以说，香雪身上最为动人的是她的淳朴自尊，是她对知识、文化、文明的渴求，是她在追求理想的过程中表现出来的坚毅执着。在教学过程中，要引导学生重点感受人物的这些特质。而这些内容的表现，作者主要是通过景物描写和人物心理活动的描写，以及赋予典型物象特定的象征意义等方法来达成的。

结合文章特点和学生的阅读困惑，本文的核心教学价值是：

（一）抓住火车停留前后台儿沟的变化来理解火车停留的"一分钟"对台儿沟姑娘们特别是对香雪的意义。

（二）抓住人物心理活动描写与景物描写来理解台儿沟、火车、铅笔盒等物象的象征意义和香雪跃上火车踏板后朝车厢迈出的"第一步"的意义。

（三）通过把握作者倾注在人物身上的情感理解小说的主题。

联系作者写作本文的时间与时代情况："1982年"与"我国改革开放初期"，可使学生了解当时我国偏僻山村的经济状况，了解我国在现代化发展进程中经济发展的区域差别。如此一来，部分学生课前关于"为什么台儿沟的姑娘们每天都对只停留一分钟的火车充满热情"的疑问马上能得到解决，也能理解香雪换取铅笔盒的举动。若再联系《春天的故事》，学生也就能真切地理解并认同实行改革开放的迫切性与必要性，理解作品所传达的时代精神。教师也可在此基础上启迪学生对美好生活的积极追求。

三、课程思政关键载体

《哦，香雪》中的德育关键载体可以抓住如下几点：

（一）人物心理描写与景物渲染

《哦，香雪》中，可以引导学生关注香雪和姑娘们在火车站做买卖时的关注点，如：不同于以凤娇为代表的姑娘们用鸡蛋、红枣换取挂面、火柴、发卡、纱巾、尼龙袜等物品，香雪"打听北京的大学要不要台儿沟人，打听什么叫'配乐诗朗诵'"，"打听能自动合上的铅笔盒"，这些细节都表现出香雪对知识的渴求、向往。小说通过凤娇等姑娘侧面烘托了香雪。而在香雪换铅笔盒、夜走铁轨的故事中，作者更是用了很多的篇幅描写了香雪的心理活动。从害怕到不怕，甚至是愉悦进而精神抖擞，在香雪这一系列的心理活动变化中，景物描写恰到好处地渲染了小说气氛，烘托了人物。而这些心理描写与景物描写，正是本篇小说独特的表达特色。通过引导学生关注本篇小说的心理描写、景物描写，通过对小说语言的品读，使学生真切地感受到诗化小说有别于传统小说之处。

（二）典型物象的象征意义

《哦，香雪》中的典型物象主要是台儿沟、火车和铅笔盒。大山中的台儿沟象征着封闭、落后，而带来了山外"陌生、新鲜的清风"的火车则象征着开放、文明。铅笔盒的意义更丰富，它不是一个简单的物象，因为它不仅承载着香雪的个人尊严，而且凝结着香雪的希望——可以说，铅笔盒象征的是知识、文化，是香雪渴望摆脱小山村封闭、落后、贫穷生活的一种期盼。这种期盼不仅仅在于改变个人命运，甚至还在于改变家乡贫穷落后的面貌——尽管这种梦想对当时的香雪而言或许是朦胧的、不自知的。铅笔盒本身是微小的，但作者在作品中赋予它的内涵是丰富的。可以说，正是"铅笔盒情结"

使得香雪显得不同寻常，迸发出美丽的光彩。

（三）关键词语"第一步"传达的时代精神

如果说，香雪最初对铅笔盒的关注还停留在内心的话，那么，当香雪踏上火车想真切地拥有铅笔盒就是她实实在在的行动了。香雪迈出的这一步，看似很小的一步，实际上是意义非凡的一大步，它蕴含了作者创作时的深意。如果没有这关键的一步，或许读者读到的仅仅是作者对这个女孩想要一个铅笔盒的一种理解，对她所处的"那叫人心酸的严峻"生活充满一份怜惜；但正是有了这"第一步"，"哦，香雪"中的"哦"传达出作者想要表达的更为丰富的深情：欣喜地"看到她们对新生活强烈、真挚的向往和追求"，钦佩香雪"为了这种追求，不顾一切所付出的代价"，甚至是一种期待——期待"唤起我们年轻一代改变生活、改变社会的强烈责任感"。当然，仅仅为了换取一个铅笔盒，香雪夜行三十里路，或许也隐喻了 20 世纪 80 年代初期中国走向文明开放的艰难与坎坷。

四、课堂教学实践

《哦，香雪》虽然是一篇短篇小说，但在语文教材中属于篇幅较长的课文，因而课前要让学生熟悉文本。教师不妨精心设计课前预习思考题让学生对文本的学习进行思维预热，从而保证课堂教学效率。当然，学生完成预习作业的情况也让教师较为充分地掌握学情。

预习作业如下：

1. 本篇小说讲述了什么故事？尝试概括小说讲述的故事。

2. 台儿沟是怎样的一个地方？请找出相关语句说说你对台儿沟的了解。

3. 香雪在文中有哪些行为表现？你眼中的香雪是个怎样的形象？

4. 小说用了不少抒情性的语言描写香雪月夜归来时所见到的景物，充分展露了人物复杂微妙的内心活动。朗读这些段落，感受其诗情，体会其表达效果。

基于对文本的深入研读，基于对学情的了解，教师在设计教学时不妨从"哦"字的读音与其蕴含的情感入手引导学生关注以下三方面：一是关注火车在台儿沟停留的三个"一分钟"里香雪不同于同村其他姑娘们的行为表现；

二是关注香雪最令人意外的行为表现及其产生的原因；三是关注香雪得到渴望已久的自动铅笔盒后夜行三十里路时的心理变化以及景物的渲染。这样设计的目的在于：从学生感兴趣的标题中"哦"字的读音与其蕴含的情感入手，通过引导学生重点关注小说中香雪这一人物的行为矛盾，赏析香雪这一人物形象，解读作者铁凝投射其中的情感，从而探究小说想要传达的主旨。教会高一学生阅读小说的一种方法，即如何探究小说的主题。具体教学环节如下：

（一）探究课文题目中的语言细节，设疑阅读

可先讨论课文题目中"哦"字的读音及"哦"字本身所能传达的情感，点燃学生课堂学习的热情。"哦"字是个读音多样、意义丰富的语气词，学生对其读音没有太大的争议，却对其读音所传达的情感有一些争议。这对于学生而言，无疑产生了一个大大的问号，通过设疑能引发学生阅读课文寻求答案的热情，学生很自然地产生想要重新认识香雪的想法。

（二）抓关键词语与典型物象，赏析人物

对于山村姑娘们的淳朴，学生课前预习时都谈到了，可见他们都读懂了，不需要教师多花时间。倒是在大都市里生长的学生讶异台儿沟的姑娘们每天都对只停留一分钟的火车充满热情的现象，也会对香雪用很大的代价（四十个鸡蛋和夜行三十里路）换取铅笔盒的行为表示不解甚至否定。因此，有必要引导学生重新认识香雪的可贵之处，从而理解文本所要传达的主旨。可引导学生思考：火车在台儿沟停留的三个"一分钟"里，作为作者着力塑造的人物形象，香雪的行为表现与同村的姑娘们相比有哪些明显的不同呢？对此，你对香雪有怎样的认识？在这些不同于同村姑娘们的行为表现中，让你最意外的行为表现是什么？香雪为什么会出现令人意外的行为表现呢？在此过程中，教师就可引导学生关注人物形象的核心之处：香雪对山外的世界非常向往，但她又很胆小；然而，正是看似最胆小的香雪是"第一个"跑上火车，迈出了"追求文明开放"的"第一步"。香雪之所以会出现如此令人意外的行为是因为她身处封闭、落后的台儿沟——当时改革的春风未惠及的地方。火车的到来，给香雪开启了一扇认识外部世界的窗，火车象征了现代、开放。香雪一心追求的铅笔盒则是知识的象征。通过抓住展现人物形象与众不同之处的关键词语"第一步"，以及典型物象"台儿沟""火车""铅笔盒"等，学生课前对香雪换取铅笔盒的争议自然

而然得到了解决，对作者"哦"字中蕴含的情感的理解也丰富了。

（三）品读景物描写与心理变化融合的特色语段，深入人物内心

诗化小说与传统小说的阅读方法是不一样的，传统小说可以从小说的三要素入手赏析或者从小说叙述者的角度读懂作者的匠心，而诗化小说就不适合用这些方法来解读。可以就《哦，香雪》这样一篇不同于学生以往所学的小说教会学生这样一类小说的阅读方法。设计教学时，教师可在"香雪为什么会出现令人意外的行为"这一问题之后，顺势引导学生关注香雪得到渴望已久的自动铅笔盒后夜行三十里路的过程中出色的描写片段，即本文偏重以心理活动描写与景物描写来表现人物与主题的写法。通过引导学生挑选小说后半段景物描写与心理变化融合的特色语段，重点品读这些文字，从而真正进入人物的内心，深入理解人物的理想与追求，进一步完善对作者"哦"字所蕴含的情感的理解。

（四）续写作业拓展延伸，加深学生对作品与时代现实的思考

学完一篇文章后，不妨再做些拓展延伸的设计，帮助学生深入理解作品的主题与构思技巧等，更好地达成教学目标，甚至以"写"的方式进一步训练学生的思维、表达能力。

比如可以进行横向或纵向的比较阅读，推荐学生阅读《陈奂生上城》等与《哦，香雪》同时代的小说，比较人物在城市文明面前分别有什么样的反应，思考其背后传达的内容。或者阅读铁凝不同时期的小说，感受作者写作风格的变化。

也可以让学生以"三十年之后……"为题目，给小说续写结尾，想象香雪拿到铅笔盒后会发生什么事？香雪和"凤娇们"今后的生活会怎样？这既加深了学生对小说的思考，也锻炼了他们的写作能力。在此基础上，推荐学生阅读铁凝的《捍卫人类精神的健康》一文，或许学生对《哦，香雪》、对时代现实会有更多的思考。

【教学片段】

师：对，还有台儿沟。大家应该已经关注到第 69 段这段文字了。我们一起来读一读这段文字，感受一下香雪对台儿沟未来的憧憬。

（学生齐读）师：这一段文字中，或许香雪自己还没有明确意识到"铅笔

盒"还能改变整个台儿沟的命运，事实上是知识可以改变台儿沟的命运。一个地方要发展，就需要有知识的人。台儿沟需要香雪这样的人，一个人还不够，还需要很多个像香雪这样的人。当然，始终要有一个人走出这"第一步"，这可贵的"第一步"。众人拾柴火焰高啊。香雪让作者看到了台儿沟的希望。香雪个人的命运可以通过知识得到改变，而台儿沟是不是可以通过无数个香雪的出现来改变命运呢？结尾怎么写的？当香雪回到台儿沟，姑娘们都去迎接她，都欢呼着。最后作者来了一句"哦，香雪！香雪！"在这里，或许还包含了作者的一种……

生：期待。

师：期待更多个追求知识的香雪、具有知识的香雪来改变台儿沟的命运。当然，对于第一个走出台儿沟，第一个跑上火车，为此夜行三十里路的香雪，作者是带有钦佩、期待的情感的。所以这时候是"哦，香雪"。作者流露在这篇小说里的情感是非常丰富的。而在解读了作者投射在香雪身上的情感后，主题是不是就呼之欲出了呢？铁凝在这篇小说中着力塑造了香雪这一人物形象，她究竟是要表达什么样的主题？大家课前对主题有各种理解，也有的同学对主题的理解比较单一，那在解读了铁凝的情感后对小说主题有没有新的理解？请大家小组讨论后表述。

（学生小组讨论后交流）

生：作者主要写了香雪在火车停站的时候登上火车，用四十个鸡蛋去换了一个铅笔盒的故事。我觉得作者是想赞扬香雪勇于改变自身去追求知识的现代精神，也是希望像台儿沟这样落后的山村能够被知识改变，变得更加现代。

师：这是对香雪这一人物形象的赞美，对她勇于追求美好生活的精神的赞美。可能也包含着对改变落后的台儿沟的期望。好的，其他同学也来说说吧。

生：我觉得香雪非常天真、纯朴，文章主题是知识可以改变山村贫穷的现状，让它变得更加开放、更加现代。

师：这是对山里姑娘渴望用知识改变个人命运、山村命运，追求现代文明的赞美。

生：主要是对处于封闭落后地区的人们可以通过知识来改变命运的期待。

师：主题是不是仅限于此？我们还可以在课外多读文本，加深思考，再来品味。

案例七：陈情表

【课程思政内容维度】

道德品质——传承和发展中华民族传统美德

【文本出处】

高教版中职语文拓展模块第六单元

【教学研究】

一、学生阅读困惑

（一）作者一开始为何大肆渲染自己悲惨的身世？

（二）作者在第二段为何描写自己沐浴清化、进退两难的情形？

（三）作者"辞不就职"，是因为要报答祖母的养育之恩，还是一种托词？

（四）作者在第三段点出"圣朝以孝治天下"的目的何在？又为什么历数自己做官的经历？

（五）晋武帝果真被作者打动了吗？

二、文本教学价值

（一）"孝"是贯穿全文的情感脉络，也是本文的核心教学价值

《陈情表》是西晋文人李密写给晋武帝司马炎的表章。晋朝要他出仕，而他不愿为官。如何既能达到不为官的目的，又不得罪统治者，这是李密的两难之处，也是这篇文章最精彩的地方。李密找到的辞官不就的最佳理由是"孝"。其时，司马炎正在大力推行"孝"道。抓住"孝"字，李密先摆出哀苦身世，为后面不得不尽孝道作好铺垫；再将官府的催逼摆在尽孝的对立面，形成所谓进退两难的格局；然后，用抑己扬彼的办法，洗脱辞官不就在政治立场上的嫌疑，强调仅仅是因为祖母"日薄西山，气息奄奄，人命危浅，朝

不虑夕";最后以年龄的对比巧妙地解决了先尽孝再尽忠的两难问题,并为自己留下一条他日出仕的后路。由此可见,"孝"是贯穿全文的情感脉络,也是本文的核心教学价值。

(二) 真情和理智高度统一的语言智慧,也是本文的教学价值

对于高中生而言,通过本文的学习,感受中华传统文化中的"忠"与"孝",培养感恩和忠孝的道德情怀,设定这样的教学目标是合理的。但为了提升教学价值,这个目标显然深度还不够。

从课文的内容以及李密所处的时代背景中我们知道,李密写这篇表时遇到了进退维谷的艰难处境。第一次上表没被恩准,因此"诏书切峻,责臣逋慢;郡县逼迫,催臣上道;州司临门,急于星火"。李密知道晋武帝难免对他心怀猜疑,稍有不慎就会带来杀头的危险,因此再次上表时就格外谨慎,考虑得特别周密。可以说,李密是在高超智慧的引领下向皇帝抒写真情,达到了理智和真情的高度统一。因此,在阅读鉴赏课文时,应当着重体会作者是怎样借助充满智慧的语言陈情的,是怎样做到情和理的高度统一的。也就是说,本文不仅具有竭忠尽孝的情感力量,还有忠孝两全的智慧力量。

由此,我们可以得出结论:孝是一种美德,也是一种能力,更是一种智慧。

三、课程思政关键载体

(一) 感天动地的赤子情

1. 真挚感人的亲情

文章开篇以时间为序写出了李密与祖母"更相为命"、不能分离的骨肉亲情。着重突出自己幼小时的"孤弱",含蓄地表明祖母抚养自己"至于成立",是何等艰难不易!何等含辛茹苦!也含蓄地表明祖母对自己情深义重,并照应下文的"臣无祖母,无以至今日"。李密深切地感受到了来自祖母的爱,他也像祖母爱自己一样深深地爱着祖母。《晋书·李密传》写道:"密奉事以孝谨闻。刘氏有疾,则涕泣侧身,未尝解衣,饮膳汤药必先尝后进。"可见李密对祖母感情的深厚、侍奉的殷勤和依附的紧密。

2. 苦衷动人的恩情

"逮奉圣朝,沐浴清化"开启对晋武帝恩情的陈述,本句既是对晋武帝的颂扬,又是作者深受其恩的最大感激。"沐浴"一词隐喻作者犹如禾苗蒙受雨露滋润而茁壮成长。面对最高统治者的"宠命优渥",一再提拔,李密一句"猥以微贱,当侍东宫,非臣陨首所能上报"表达了自己诚惶诚恐、肝脑涂地亦难以报答圣恩之情。而面对接二连三的催逼,作者摆出了自己的两难处境:"欲奉诏奔驰,则刘病日笃;欲苟顺私情,则告诉不许。"一边是对自己有知遇之恩的晋武帝,另一边是对自己有养育之恩的祖母。两种恩情都需要报答,忠孝不能两全,自然产生了"臣之进退,实为狼狈"的两难结论。

3. 情理服人的孝情

面对两难处境,作者首先搬出晋武帝"以孝治天下"的治国纲领,作为自己选择守孝的依据,也是作者"辞不赴命"的有力武器。这既是为自己辩护,也含蓄地表达了自己是在遵守晋武帝的政治纲领,这本身也是对皇恩的一种感激。接着作者述说过去在"伪朝"做官的经历,以显示自己是"本图宦达,不矜名节"之人,"辞不就职"的唯一原因就是孝敬祖母,并没有怀念蜀汉、保持名节之类的想法。接下来渲染了祖孙之间相依为命的关系,"臣无祖母,无以至今日;祖母无臣,无以终余年"。在晓之以理之后又动之以情,既有说服力又有感染力。

4. 抉择服人的忠情

李密在文章的最后提出了解决忠孝不能两全的办法,"臣密今年四十有四,祖母刘今年九十有六,是臣尽节于陛下之日长,报刘之日短也",并提出了"乌鸟私情,愿乞终养"的愿望。为了再一次使晋武帝放心,作者最后发出了"生当陨首,死当结草"的誓言,竭忠尽智之情可见一斑。

(二)忠孝两全的大智慧

本文蕴含了忠孝两全的大智慧,具有感天动地、撼动人心的力量。这种大智慧可以从语言表达上略窥一二。

第一段,李密以"臣以险衅,夙遭闵凶"总括自己的不幸身世,向皇帝诉说从小的不幸身世,就好像跟亲人拉家常一样。这样一开始就营造了亲切的气氛,显示了对皇帝的亲近,把皇帝当成亲人,把《陈情表》跟"责臣逋慢"的诏书之间的针对性完全消隐了。再写祖母"躬亲抚养"的恩情和自己

"茕茕孑立，形影相吊"的孤苦伶仃，这样在祖母卧病床褥时，"臣侍汤药，未曾废离"就不是一般的尽孝，而是相依为命的关系了。此其一智。第二段，"逮奉圣朝，沐浴清化"，并非礼貌的恭维话，有自己多次受到举荐和任命为证。接着，李密陈述这种相依为命关系和朝廷的征召发生了矛盾。作者巧妙地把朝廷就职要求和自己尽孝要求的外在矛盾转化成了自己的内心矛盾："臣欲奉诏奔驰，则刘病日笃；欲苟顺私情，则告诉不许：臣之进退，实为狼狈。"这样就不会对皇帝有任何冒犯了。此其二智。

第三段，李密抓住"圣朝以孝治天下"，为自己侍奉祖母、辞官不就找到了官方依据，就把原先两个对立的事情（朝廷的要求和"私情"的要求）统一到"孝"字上来，"尽孝"就是"尽忠"。"凡""况""且"，层层推进，表明自己辞官不就并没有怀念蜀汉、保持名节之类的想法，以打消晋武帝对他的猜忌。此其三智。

第四段，李密列出自己与祖母年龄的差别，说明自己年壮可为，而祖母则时日不多。数字的强烈对比之下，再提出"愿乞终养"的愿望就顺理成章了。这样既可以取得晋武帝的信任，又为自己以后的出仕埋下了伏笔。此其四智。

综上所述，《陈情表》陈述了李密与祖母相依为命之亲情，接到"责臣逋慢"诏书后进退两难的恩情，经过深思熟虑后决定"区区不能废远"的孝情，"尽节于陛下之日长""生当陨首，死当结草"的忠情。李密所述之情是一片忠孝之情，同时蕴含着高超的语言技巧和人生智慧。这种真情和智慧带给他一而再上述皇帝的力量，也让晋武帝"叹为观止，霁怒为怜，予以怀柔"，终于恩准了李密的请求，并"赐奴婢二人，使郡县供其祖母奉膳"。

四、课堂教学实践

《陈情表》虽不足 500 字，却成为千古传诵的抒情佳作。《古文观止》点评道："情之至者，自然流为至文。此等文章……字字是泪，字字是血，未尝有意为文，而文无不工。"李密无论是诉自己的孤苦和与祖母相依为命的深厚亲情，还是诉对朝廷恩遇的感激之情和对晋武帝的忠敬之心，都委婉得体，悲恻动人，又充满智慧。文章的这个特性，决定了它的教学切入点很多：它适宜用诵读法缩短学生与作者心灵上的距离，感受祖孙情深；它适宜以忠孝两难问题来引发学生思辨，理解作者进退两难的境遇；它适宜在当今传统美德被淡忘的时代，唤醒中学生"孝"的情思；它适宜从由情到理的角度感受作者陈情的有力、说理的严密……本次课堂教学实践拟通过品味交融着真情和智慧的语言，感受古人知恩尽孝的传统美德，培养学生感恩和忠孝的情怀和智慧。以下是教学过程的四个主要环节：

（一）整体感知："孝"字统领全文

1. 遭遇困境，在悲苦中坚守"孝"

2. 进退两难，在感激中突出对"孝"的坚守

3. 崇孝奉养，在忠诚于朝廷时对"孝"的坚守

4. 愿乞终养，提出先"尽孝"再"尽忠"的请求

（二）局部研读之"情感的力量"：以情动人

1. 身世孤苦之悲情——"茕茕子立，形影相吊"

2. 祖母养育之恩情——"臣无祖母，无以至今日"

3. 报答祖母之孝情——"区区不能废远"

4. 难以赴命之隐情——"臣之进退，实为狼狈"

5. 愿乞终养之私情——"愿陛下矜悯愚诚，听臣微志"

6. 效忠陛下之忠情——"臣生当陨首，死当结草"

（三）局部研读之"语言的智慧"：以理服人

1. 消除对立之智慧——"臣以险衅，夙遭闵凶"

2. 博取怜悯之智慧——"茕茕子立，形影相吊"

3. 承蒙国恩之智慧——"逮奉圣朝，沐浴清化"

4. 转化矛盾之智慧——"臣之进退，实为狼狈"

5. 打消猜忌之智慧——"本图宦达，不矜名节"

6. 化解矛盾之智慧——"尽节之日长，报刘之日短"

（四）深化拓展：丰富"忠"与"孝"的内涵

1. 阅读下列句子，思考"忠"和"孝"的关系及其在封建社会里的作用。

（1）身体发肤，受之父母，不敢毁伤，孝之始也。（2）立身行道，扬名于后

世，以显父母，孝之终也。（3）夫孝，始于事亲，中于事君，终于立身。（4）以孝事君则忠，以敬事长则顺，忠顺不失，以事其上，然后能得其禄位，而守其祭祀。

2. 根据下列假设，深入研究课文，思考李密的痛苦和"忠""孝"观念的关系。（1）假如李密父母尚在，兄弟健全，他会拒绝征召吗？（2）假如刘氏没有抚养之恩，李密会拒绝征召吗？（3）假如李密没有在蜀国长期为官的经历，他将怎样拒绝征召？（4）假如李密不顾忠孝伦理，他将怎样面对刘氏的病弱之躯和晋武帝急如星火的征召？

3. "忠"与"孝"是中国传统文化中的重要伦理。今天，你认为应该怎样丰富"忠""孝"伦理的内涵。

（1）感动中国人物：陈星银以肩、颚夹勺喂母的感人故事。

（2）CCTV《今日说法》：母亲的呼唤（四个儿子遗弃母亲致死的真实案例）。

案例八：老人与海

【课程思政内容维度】

全球视野——了解国际政治体制与文化差异

【文本出处】

高教版中职语文拓展模块第三单元

【教学研究】

一、学生阅读困惑

（一）小说内容简单，凭什么获得普利策奖、诺贝尔文学奖？

（二）文中为什么多次描写老人"这是一场梦多好"的心理？

（三）怎么理解老人对杀死大马林鱼、鲨鱼的负罪感和自我解脱以及老人对鲨鱼的赞美？

（四）文中诸如"你尽可能把他消灭掉，可就是打不败他"等语句的表述似乎和汉语的语言习惯不一样，原因是什么？

二、文本教学价值

（一）"人完全能够而且必须驾驭他自己，永远保持精神不败"的原生价值

文本作为信息交流的载体，或传达一种事实的信息，或传达一种思想情感的信息，即文本的"原生价值"。《老人与海》写的是老渔夫桑提亚哥在海上的捕鱼经历，作品中的形象具有很强的象征意味。他用马林鱼象征人生的理想，用鲨鱼象征无法摆脱的悲剧命运，用大海象征变化无常的人类社会，桑提亚哥则是人类中勇于与强大势力搏斗的"硬汉子"代表，他那捕鱼的不幸遭遇象征人类总是与厄运不断的抗争。

阅读作品不难关注到作家精神层面的矛盾与统一：人生是一场孤独的斗争，而这场斗争永远不可能获胜。但是，在不可知的人生的厄运中保持理性和风度，这才是重要的。"硬汉"性格的实质，就在于此。

在总结思想内容时让学生理解挫折教育的意义。青年学生面对困难的畏惧情绪严重。数据显示：当下学生心理问题发生率高，且呈现日趋增高的趋势。如今的学生敢于挑战和创新，新的时代使他们思想活跃，易于接受新鲜事物，思想富于变化，敢闯敢拼。但不可否认的是，当下学生学习压力越来越大。遇到困难时，他们经常缺乏直面挫折的勇气和动力，表现脆弱的一面。在教学中，要让学生理解挫折教育的意义，提高学生的抗压能力，战胜困难的能力。

（二）关注"有的放矢"的心理描写是阅读小说的钥匙

一直乐观、坚强的桑提亚哥遭受了第一次打击，胜利的信心第一次产生了动摇，甚至不敢相信眼前发生的事："这要是一场梦多好，但愿我没有钓到这条鱼。"然而他又喊道："你尽可把他消灭掉，可就是打不败他。"尽管鲨鱼群是那样的凶猛而邪恶，老人却毫不惧色，只要还有一件武器在手，只要还有一线希望，就再挣扎一次，绝不放弃每次机会，也不向命运低头，即使失败了，同样坦坦荡荡，不失"重压下的优雅风度、高贵精神"。无论在顺境

或逆境，在自然或社会之中，人应该正视存在的现实，接受一切并超越一切，继续自己的人生旅途。纵使面对死亡也要淡然处之。

教学开始，帮助学生理清文本中老人与鲨鱼的四次搏斗，圈画描写老人心理的语句。接着迅速进入文本学习，引导学生通过心理描写体会对老人性格品质的刻画，让学生在阅读中深入思考，感受文本的"言语智慧"，体会人物性格的丰富性、复杂性。体验文本中人物的命运遭遇和内心世界，把握作品人物的性格特征，深入领悟作品内涵。

（三）明确"作者、文本、读者的和谐统一"，在原文和翻译文本的阅读中了解文化差异

任何一门学科，其专业性总是体现在严密的知识系统中，语文学科也不例外。经典作品如何解读，语文活动如何展开，要尽可能列出知识清单，从不同的角度和层面使文本的教学价值变得清晰明确，也使语文的专业性鲜明。"知人论世"再现人物性格的丰富性、复杂性。文学作品和作家本人的生活思想以及时代背景有着密切的关系，因而只有知其人、论其世，即了解作者的生活思想和写作的时代背景，才能客观地、正确地理解和把握文学作品的思想内容。

海明威的人生经历无疑是分析文本重要的"钥匙"。他是要强的人，他的一生就是追求硬汉性格的一生：炸弹爆炸，身上取出了237块大小弹片；飞机失事，头上缝了51针；参加两次世界大战以及西班牙内战。尊严和荣耀是海明威特别看重的。而《老人与海》创作的背景更是解构文本的重要途径：战争的残酷恐怖在他的心灵深处留下了难以磨灭的创伤；人们还未从世界大战的噩梦中醒来，幻灭、失落等种种迷惘困扰着人们。战后的社会一片混乱、凋敝，在评论界受到将近十年的冷遇与攻击，个人英雄主义是美国的文化传统等，是阅读《老人与海》不可忽视的背景。

作为美国文化的重要代表，《老人与海》的文本阅读必将体现另外的文本教学价值。中美两国的文化差异巨大。"人类语言不是一个自治的系统，它离不开人类的体验感知，语言能力也不是一个独立的系统，是人类一般认知能力的一部分。"在阅读《老人与海》时，要能够正确处理作者与译者之间的文化差异。由于两者所处时代不同，归属的文明亦不同，所以将一些中文翻译语句和原文作比较，就显得相当关键和重要。如"你尽可把他消灭掉，可就是打不败他"等。

三、课程思政关键载体

（一）不屈服于命运，凭着勇气、毅力、本领和智慧在艰苦卓绝的环境抗争的精神

教材中《老人与海》只是节选，重点叙述了老人与鲨鱼的四次搏斗。于是梳理这四次搏斗，使它们很有画面感地呈现在学生的脑海，能够让德育润物无声。在武器简陋、孤立无援、鲨鱼轮番来袭的困境中，老人凭借勇气、毅力、智慧、本领做着顽强的抗争，在他身上我们可以看到一种百折不挠、坚强不屈，面对暴力甚至死亡执着、不屈的"硬汉"形象。小说中的大海和鲨鱼象征着与人类对抗的社会与自然力量，而老人在与之进行的殊死搏斗中，表现了无与伦比的力量和勇气，保持了人类在困难灾难面前的高贵、优雅姿态。正如诺贝尔文学奖颁奖词所说："《老人与海》写的是一个老人，展现的却是一个世界。"

（二）发现自己的伟大，接受自己的渺小，勇敢而坦然地承认失败、面对失败的坚韧品质

在《老人与海》一书中，老人竭尽全力要证明自己的力量，并不肯屈服于自己的命运。最后，他钓到了一条大鱼，虽然鱼肉被鲨鱼吃光，那巨大的骨架令人惊叹，而他已筋疲力尽。在这一过程中，老人也难逃挫折的痛苦、失落甚至绝望。在绝望时，老人开始惋惜那条被他征服又被鲨鱼攻击的大鱼的生命，开始唠叨"它把我的鱼叉连绳子都带去啦""鱼啊，我不应该把船划到这么远的地方去""我希望这真是一场梦"……老人的内心反映了很多人心里的矛盾、冲突与寂寞……而如果无法面对自己的空虚、孤独、渺小，不去发现它背后的意义和它带来的种种冲突、灾难和悲伤，我们将使生命陷于无止境的挣扎、矛盾和冲突中。

海明威塑造的"硬汉"并非圣人、神人，他们也会有意志动摇的时候，关键在于最后他们能否战胜自我，正是在这种精神的挣扎中更能体现自我的人格尊严、魅力。作品用了不少篇幅着力渲染鲨鱼之凶猛和残暴：那鲭鲨有着"又粗大又尖长的蓝色的头，两只大眼，和那咬得格崩格崩的、伸得长长

的、吞噬一切的两颚");那贪婪的星鲨,在饥饿时会去咬桨或者船舵,咬水里游泳的人,趁海龟睡觉时把它的腿和前肢咬掉。这个年迈体衰的老人,正是在同这些自然界的强暴者的搏斗中才发出夺目光彩的。

阅读《老人与海》,阅读海明威,似乎就像在读一个寂寞又顽强的自己,学生容易产生代入感。生命本是孤单的,是要面对问题的,这些问题甚至是无法解决、注定失败的问题。如果心里没有爱,没有解决问题的柔韧,一切将毫无意义,从而使自己陷于空虚,受到伤害。所以,我们能做的是面对真相,明白自己真实的存在,明白自己的能力所在,超越自我,这才能造就单纯而富足的生命。毕竟存在与超越是我们必须面对的问题。《老人与海》中老人的行动告诉我们可耻的不是失败,而是害怕失败。为了目标而活着的人,情绪会因为目标的达成与否而波动,为了过程而活着的人,只需享受奋斗过程,就会更加淡定、坦然。老人意不在鱼,意在自尊。

(三) 生命不可重复,人是社会中的一分子

《老人与海》中的硬汉刚柔相济,但联系海明威的人生结局,就不得不面对这样的一个问题:海明威用枪结束了自己的生命,这与他塑造的硬汉形象是否矛盾。

我们还应关注海明威的晚年。年老后,他受尽了消瘦症、皮肤病、酒精中毒、视力衰退、糖尿病、血色沉着病、肝炎、肾炎、高血压、精神疾病等病的折磨。经历了三年的"亲密的伤害"之后,1961 年 7 月,当他不堪忍受多种病痛的折磨、为灵感丧失而绝望时,他结束了自己的生命。海明威的一生是"生则重生,死则安死"的最好写照。"活着,就要勇敢地活下去",活得精彩;死则"与其等到希望破灭,抱着病残的身躯痛苦呻吟死去,不如血气方刚,怀有雄心壮志,高高兴兴地在烈火中焚化"。如果用海明威所一贯歌颂的绝不认输、藐视死亡的"硬汉"精神比照分析,他的自杀未尝不是对病魔的一种"宁死不屈",是与之"同归于尽"的解决手段,他完成了对于生命的超越。

另外,海明威成功的短篇小说都离不开"死亡"这个主题,而死亡从来不是抽象的,它是身体的消灭。海明威发表作品之初,就对死亡抱有既神秘又坚定的态度。他不知自己将如何死去,但他深信自杀是解决问题的办法。阅读《老人与海》,我们会发现作品中老人和人物原型之间除了捕获并失去一

头大鱼之外，其实并没有多少相同之处。那个故事只是一粒种子，植入海明威的体内，在 20 年的时间中，和海明威的成长与失败一起变化着，它和他一道经历了战争、死亡、几次失败的婚姻，经历无法抗拒的病痛、衰老、虚弱……这是海明威短暂的觉悟。《老人与海》让他呈现一种最完美、和谐的姿态，清澈而又舒缓。但这是一个短暂的过程，他很快就被别的东西覆盖了，即便是诺贝尔文学奖的光荣也没能洗净他晚年莫名的抑郁、沮丧。

我们还应该关注另外一个问题：自杀行为与生命存在是否矛盾。作为社会的一分子，每个人在社会中都有自己需要扮演的角色，都承担着应尽的责任。

我们要辩证地思考海明威结束生命的方式。强调"硬汉"精神中的"韧"。

四、课堂教学实践

（一）教学目标

1. 从文本的角度了解作品的主要内容，分析老人的性格特征。
2. 从文化的角度领悟文本的精神内涵，思考"硬汉"的精神内质。

（二）教学重点与难点

学生讨论、分析小说的人物形象，体会老人身上的"硬汉"精神。

（三）教学过程

1. 导入

第一课时我们从文本的角度了解了作品的主要内容——老人与鲨鱼的四次搏斗。鲨鱼宽大的头、大大的嘴，以及足以吞噬一切的两颚确实让我们震撼，结果却是年轻不在、手不听使唤、累乏的老人杀死了鲨鱼。黑格尔说："人格的伟大和刚强的程度，只有借助于矛盾的对立面的伟大和刚强程度才能衡量。"鲨鱼的强大衬托了老人"硬汉"的形象。

2. 分析形象，把握"老人"的性格特征

（1）学生指出老人与鲨鱼第一次、第二次搏斗时描写老人的心理、语言的语句，并且概括老人所具有的性格特征。

（2）引导学生评价各组概括的老人的性格特征，删掉错误的，选出共同的，并且准确地板书。

（3）教师重点分析老人与鲨鱼第一次、第二次搏斗时描写老人心理的语句，补充学生概括老人性格特征的遗漏之处。请学生思考，文中几次对老人的心理描写有没有相似之处？老人的心理活动经历了怎样的变化过程？

明确：心理变化从低落到高昂，从沮丧无奈到乐观地鼓舞自己。不要将英雄绝对化，面对困难英雄也会有低落，但是他们始终坚持自信。

（4）让学生概括"老人"的性格特征。

明确：文中刻画了一位刚柔并济的强者形象。（概括）他精神上不惧怕失败——自信、乐观、倔强、顽强、有勇气，尽管有时会由于痛苦、困难的强大而低落，但是始终相信自己的力量，从不灰心。勇敢而坦然地承认失败、面对失败；他积极进取、顽强拼搏。面对痛苦、死亡无所畏惧，依然前行；他善良、敏感、具有同情心。（分析）

（5）学生总结。

阅读小说方法之一：品味关键词。分析人物动作、语言、心理等，理解人物形象。

3. 深化文本，思考"硬汉"形象的精神内涵

（1）海明威塑造老人这一形象的典型意义在哪里？

明确：联系海明威的人生经历、二战后的整个世界的一派凋敝、美国的个人英雄主义等背景来思考。

（2）学生总结

阅读小说方法之二：知人论世。

4. 拓展延伸

（1）看视频，思考问题：你如何看待海明威的自杀？这与他作品中所传递的"硬汉"精神是否矛盾？

（2）自杀行为与生命存在是否矛盾？

阅读小说方法之三：关注人物性格的复杂性、矛盾性和丰富性。

附　录

高教版中职语文基础模块上册课程思政元素总览表

模块	教学单元	教学课题	重要的思政元素	所属思政维度
阅读与欣赏	专题一　青春与理想——诗歌阅读与欣赏	再别康桥	通过品味诗歌中音乐美、建筑美和绘画美，培养学生高尚的审美情趣和良好的审美创造力。	审美意识
		沁园春·长沙	结合时事，为学生树立现代榜样，感受共产党的初心，坚定理想信念，厚植爱国主义情怀。	政治认同
		爱情诗二首	在比较阅读中，加深学生对爱情的理性认识，引导青春期学生树立正确的爱情观。	身心健康
		天路	通过不同形式的读来深刻感悟青藏铁路建成后人们欢欣鼓舞的心情，激发学生的民族自豪感。	政治认同
		无衣	引导学生结合时事感受到个人与国家、国家与国家之间的关系，进一步明确家国情怀和青年责任，增强国家自豪感和民族凝聚力。	家国情怀

续表

模块	教学单元	教学课题	重要的思政元素	所属思政维度
阅读与欣赏	专题二 读书与学习——论说文阅读与欣赏	改造我们的学习	培养实事求是，理论联系实际的学习作风，并联系到实际生活中去，认识到"没有调查就没有发言权"。	工匠精神
		读书人是幸福人	让学生在阅读中感受求知的重要性，培养爱读书、好学习、善思辨的好习惯。	道德品格
		拿来主义	引导学生用自身经历与当前角度审视"拿来主义"，树立辩证唯物主义和历史唯物主义观点，正确对待中外文化遗产。	文化自信
		文艺随笔二篇	通过对比阅读来引导学生思考"咬文嚼字"与"不求甚解"是相辅相成、和谐统一的观点，树立正确的学习观，养成良好的读书学习习惯。	道德品格
阅读与欣赏	专题三 敬业与乐业——人物通讯阅读与欣赏	我的母亲	通过感受母亲勤劳、奋斗、奉献的一生，体味作者对母亲的敬仰，挚爱与怀念，从而使学生反省自身，培养学生的感恩意识，树立正确的人生观和价值观。	身心健康
		金大力	在理解、研读的基础之上分析金大力身上所体现的工匠精神，引导学生崇尚劳动、尊重劳动、热爱劳动，大力弘扬和传承工匠精神。	工匠精神
		"探界者"钟扬	通过梳理人物事迹，学习钟扬认真负责的工作态度和高尚无私的奉献精神，树立正确的人生观与价值观。	工匠精神
		国家的儿子	梳理文中关于罗阳的主要事迹，探究人物言行背后的精神追求，学习罗阳同志为了祖国航空事业殚精竭虑、以身殉职的高尚情操。	家国情怀

续表

模块	教学单元	教学课题	重要的思政元素	所属思政维度
阅读与欣赏	专题四 自然与生命——散文阅读与欣赏	故都的秋	结合郁达夫的身世、经历和有关背景，让学生理解作者热爱故乡的深情，培养学生爱国、爱家的情怀。	家国情怀
		离太阳最近的树	结合时事热点，培养学生珍爱生命、保护环境的意识，增强社会责任感。	身心健康
		像山那样思考	通过讨论探究感悟文章深刻的思想内涵，引导学生重新审视人与自然的关系，激发学生保护自然生态环境的意识。	国际视野
		窗前的树	通过洋槐特征的概括学习，培养学生沉稳、朴实、坚强的性格，为实现自己的理想而努力奋斗。	道德品格
阅读与欣赏	专题五 社会与人生——小说阅读与欣赏	哦，香雪	理解小说折射出的时代信息以及人们渴望摆脱贫穷走向文明的迫切心愿，品味文中主人公香雪的淳朴、自尊、执着与坚毅。	道德品格
		项链	引导学生理性思考从人性论的角度重新审视玛蒂尔德，培养学生的同情心、责任感，让他们明白生活中发生的一切不幸，可能都将与自己有关，要学会关心、尊重他人，不断提升自己的心灵，完善自己的人格。	国际视野
		荷花淀	引导学生体悟战火硝烟中的夫妻之情、家国之爱，学习白洋淀地区人民英勇抗日的爱国热忱和革命乐观主义精神。	政治认同
		棋王（节选）	通过合作探究，让学生对人、人生、生活等基本概念有比较深入的理解，重点体会王一生对象棋的热爱，培养学生自己的兴趣爱好。	工匠精神

模块	教学单元	教学课题	重要的思政元素	所属思政维度
阅读与欣赏	专题六　文化与传承——古诗文阅读与欣赏	《诗经》二首	通过反复诵读，感受《诗经》的艺术美，培养学生对传统文化的热爱，对民族文化的自信。	审美意识
		子路、曾皙、冉有、公西华侍坐	了解和评价子路、曾点、冉有、公西华的志向，领略孔子因材施教的教学原则和教学方法，渗透中华传统礼仪、仁德爱民的和谐管理理念	文化自信
		劝学	了解学习的意义、态度和方法，明确认识学习的重要性以及学习必须"积累""坚持""专一"的道理。	身心健康
		廉颇蔺相如列传	在阅读与鉴赏活动中，不断充实精神生活，完善自我人格，提升人生境界，逐步加深对个人与国家、个人与社会、个人与自然关系的思考和认识。	家国情怀
表达与交流	专题七　职业与素养——口语表达与写作	口语交际①自我介绍：我是谁；②听话训练；③说话训练；④复述	自我认同，大胆表达；能根据专业需求逐层锻炼听完整、听明白、听深入和说清楚、说明白、说得体的表达沟通能力；掌握基本交际礼仪中的仪态。	身心健康
		应用文之单据、书信	（1）诚实做人、诚信做事（2）实事求是，严谨求学（3）精益求精的职业素养	工匠精神
		"爱国情·强国志·报国行"征文活动系列写作训练：记叙文之选材组材；记叙文之写景状物；记叙文之人物描写；	讴歌时代建设成就，颂扬中国青少年焕发青春活力，承担社会责任，感知人情，体悟生活；增强当代中职生的社会使命感，增加校园内的文化氛围，让温情充满人间。	政治认同

续表

模块	教学单元	教学课题	重要的思政元素	所属思政维度
综合实践活动	专题八 调研与践行——语文综合实践活动	专业助我点燃信念的灯——了解专业、热爱专业、树立学习自信心的主题活动	通过实地采访、现场模拟演示，解说、描述、展示"我所了解的专业"，激发学生热爱专业、树立学好专业的信心，引导明确学生的职业目标，提升学生的职业素养。	工匠精神
		我们热爱大自然——讲述我与××（动、植物，山水，树林，公园等）的故事	通过制作相册，撰写、讲述、朗读"我与自然的故事"，让学生体验亲近自然、享受自然的情趣，并认识爱护自然的重要性。	家国情怀
		认识自我	引导学生充分了解自己的优势以增强自信；认识自己的价值从而重视自己、珍惜自己；同时也要引导学生认识自己的不足，从而不断地塑造自己、完善自己。	身心健康
		好书伴随我成长——优秀图书推介会	通过阅读、写读书报告、优秀图书推介、模拟销售等环节，激发学生学习的兴趣，帮助学生养成良好的读书习惯，加强学生间的交流和沟通，提高学生的语文综合应用能力。	道德品格
		点亮爱心，奉献青春——为"空巢老人"服务青年志愿者宣传活动	推动社会特别是青年人对空巢老人的理解和关心，弘扬爱老敬老的传统美德，培养学生的爱心和责任心，鼓励学生奉献青春，服务社会。	家国情怀
		诵读经典古诗，弘扬传统文化——中华古诗诵读比赛	感受中华诗词文化的灿烂辉煌，培养热爱优秀传统文化的思想感情和审美情趣，提高学生的文化素养。	文化自信

高教版中职语文基础模块下册课程思政元素总览表

模块	教学单元	教学课题	重要的思政元素	所属思政维度
阅读与欣赏	专题一　真善与境界	合欢树	体味史铁生对母亲的眷念感恩——"树欲静而风不止，子欲养而亲不待"的悲伤和母爱的深沉无私，引导学生学会爱，学会感恩，学会珍惜。	身心健康
		善良	热情讴歌善良，摒弃凶恶，做品性善良的人。	道德品格
		人生的境界	理解作者的人生观和价值观——主张珍惜生命、保持乐观、锐意进取、辛勤劳动，引导学生深入思索人生意义，树立正确的人生观和崇高的人生理想。	身心健康
		父亲的手提箱	通过学习帕慕克对父亲往事的深情回忆，让学生自觉体会父母对自己的爱，培养学生的爱家、爱生活、懂情感的感受力。	身心健康
阅读与欣赏	专题二　科学与审美	科学是美丽的	着重领会科学家、艺术家以多种形式展示科学之美的实例，引导学生感受科学之美，从而转变对科学的刻板印象，激发探索科学奥秘的兴趣。	审美意识
		南州六月荔枝丹	研读品味文章的写作特色，并通过质疑探究，培养学生勇于质疑的科学品质。	工匠精神
		飞向太空的航程	引导学生多关心国家大事，感受中国人在航天事业中所作出的巨大贡献，激发其民族自豪感，使之树立为祖国繁荣发展而努力学习的信念。	家国情怀
		中秋月	思索本文所呈现出的科学的真与美的统一，感受竺可桢把全部心血都用在科学研究上的精神。	工匠精神

续表

模块	教学单元	教学课题	重要的思政元素	所属思政维度
阅读与欣赏	专题三 抗争与忠诚	黄河落日	抓住核心意象，感受中华民族坚毅向上、百折不挠的民族精神和磅礴的革命历程，增强国家认同。	政治认同
		雨巷	一读音韵，品味诗歌的音乐美；二读语言，品味诗歌的情感美；三读意象，品味诗歌的意蕴美；四读内涵，品味诗歌的思想美。	审美意识
		雷雨	了解具有封建阶级和资产阶级两重特点的周朴园在家庭和社会上的罪恶，深刻认识旧社会的腐朽、黑暗和罪恶，认识中华民族自古就有勇于斗争、追求光明的光荣传统。	政治认同
		窦娥冤	通过窦娥冤这一历史冤案，挖掘造成悲剧的社会根源，认识元代和统治者的残暴，认识当时阶级矛盾的尖锐。	政治认同
		与妻书	体会"吾至爱汝，即此爱汝一念，使吾勇于就死也"的至情至理，学习革命前辈牺牲一己，"为天下人谋永福"的光辉思想和高尚情操。	家国情怀
阅读与欣赏	专题四 自由与创新	荷塘月色	感知语言的形象美、音乐美、内涵美，培养学生健康的审美情趣。	审美意识
		世间最美的坟墓	理解托尔斯泰墓"美在何处"，"为何最美"，体悟朴素美、人格美的内涵，争做有高尚道德情操的人。	审美意识
		画里阴晴	理解作者"文艺贵在创新"这个中心论点，从而培养学生发现美，欣赏美、体验美及创造美的能力。	审美意识
		洛阳诗韵	把握主题"洛阳诗韵"的内涵，体会作者对中华民族灿烂悠久的历史文化的挚爱感情，激发学生爱祖国、爱家乡的美好情感。	文化自信

模块	教学单元	教学课题	重要的思政元素	所属思政维度
阅读与欣赏	专题五 友情与爱情	士兵突击	感悟当代军人善良、执着、坚毅的宝贵品格，体会他们"不抛弃、不放弃"生死与共的战友情，树立正确的人生观、价值观。	道德品格
		边城	感悟作品中所表现的古朴、淳厚的民风和风俗美、人情美，培养学生的审美情趣。	审美意识
		林黛玉进贾府	认识《红楼梦》的反封建意义和作者曹雪芹对当时社会黑暗现实的批判态度。	政治认同
		百合花	感受革命战争年代，军民之间的鱼水深情；体会解放战争胜利的基础和力量源泉；激励学生，走向有担当、有价值的理想人生。	政治认同
阅读与欣赏	专题六 文化与传承—旷达与谦逊	唐诗二首（《将进酒》《琵琶行》）	培养探究的热情，引导学生思考自己对待人生的态度是什么，以及应该如何积极面对挑战和困难。	文化自信
		宋词二首（《雨霖铃》《念奴娇·赤壁怀古》）	(1) 引导学生以真情拼读作品，培养纯正的文学趣味，感受纯真美好的爱情。(2) 引导学生理解苏东坡渴望为国效力的思想与壮志未酬的情感，学习他旷达、认真的人生观。	文化自信
		师说	点燃学生继承中华民族传统美德的热情，古为今用，树立尊师重教的思想，培养谦虚好学的风气。	道德品质
		促织	揭露封建社会的罪恶，寄托对受尽欺凌和迫害的下层群众的深切同情。	政治认同

续表

模块	教学单元	教学课题	重要的思政元素	所属思政维度
表达与交流	专题七 职业与素养——口语表达与写作	口语交际：介绍工艺流程交谈即席发言演讲、即兴演讲应聘	(1) 认真细致，精准专业，职业素养 (2) 礼貌、坦诚、平等、互助，增进了解和友谊，获得知识，提高工作效率 (3) 充满自信，从容不迫，随机应变，游刃有余 (4) 真挚感人，朴实真诚 (5) 专业自信，忠诚可靠	工匠精神
		应用文写作：启事、通知、计划	1. 在自主探究的网络活动中培养学习兴趣。 2. 通过创设情境，培养自主创业的意识，提高就业竞争能力。 3. 在案例讲解和写作练习中努力培养学生社会主义现代公民应具有的基本素质。	工匠精神
		"绿色·环保·合作·共赢"征文系列写作训练。 1. 记叙文：叙事（记叙中穿插议论和抒情）； 议论文：论点与论据。 2. 文章修改。	通过让绿色环保理念在校园中得到进一步传播，培养青少年勤俭节约、节能低碳的良好习惯，形成爱护自然、保护环境的意识，同时通过活动的开展，实现影响一个家庭，推动整个社会，进而形成全民关注环境、人人参与保护的良好社会氛围。	家国情怀

模块	教学单元	教学课题	重要的思政元素	所属思政维度
综合实践活动	专题八调研与践行——语文综合实践活动	绿色伴我行——"走进生活关注环保"宣传展	经过一系列丰富多彩的"绿色"教育活动，让学生了解日益严重的环境污染情况，增强环保意识，培养社会责任感，让学生明白保护环境要从家庭做起，从小事做起，从我做起，而且引导学生将环保意识转化为环保行动，争做环保卫士。	家国情怀
		"学长归来"职业访谈调查活动	(1) 深刻感受职业的崇高和神圣，树立献身职业的信心，坚定自己的专业信念； (2) 在与学长、同学的交流过程中，学会对他人的生活经历、生活感受进行分析、判断，从而增进思考力和创造力。	工匠精神
		"多彩的舞台"——课本剧剧本征集与表演	1. 激发学生对语文的信心和兴趣，通过剧组队伍的协同排演，学会与人沟通、与人协作，培养学生的创造能力、团队合作能力。 2. 通过表演再现自己对文本的独特领悟，激发学生阅读、表演兴趣，陶冶高尚情操。	身心健康
		"保护水资源"演讲稿征集与演讲比赛	1. 让学生融入社会，亲近大自然，生成"节约用水、保护水资源"的自觉意识。 2. 通过小组合作、分组协作的方式，培养学生团队意识。	家国情怀
		展望我们未来的职场——"我的职业设计"策划会	1. 通过职业体验活动，发展兴趣专长，形成初步的职业生涯规划的意识和能力。 2. 通过实践活动，形成积极的职业观念和态度，懂得每一份职业都值得尊重。 3. 在职业了解和体验过程中，发现自身对职业理解的不足，对如何实现理想有更清晰的理解。	工匠精神
		古典诗词原创诵读大会	1. 提高学生阅读、理解和鉴赏古典诗词的能力，激发学生创作的兴趣。 2. 培育民族精神，弘扬中华民族优秀的传统文化。	文化自信

课程思政教学设计（范例）

课　　题	念奴娇·赤壁怀古	课程名称	语文
授课对象	22幼儿保育（1）班	授课课时	共 2 课时，第 2 课时

一、教学研究

（一）设计摘要

　　基于"寓道于文、寓德于教、寓教于乐"的教学理念，本课采用"体验式混合教学模式"，以学习通为平台，以自制"古诗词主题学习云教材"为载体，创设视听结合，立体交互的语文学习环境，将课前与课后、线上与线下、知识传授与思政教育有机融合，从而缩短时空距离、实现古今对话，以文化人，让东坡精神传递不息。

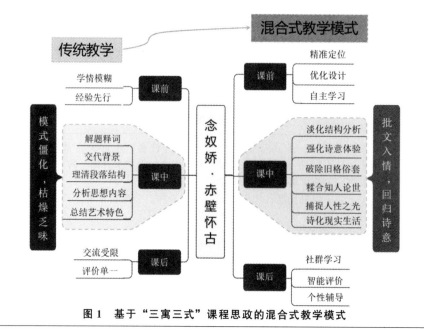

图1　基于"三寓三式"课程思政的混合式教学模式

（二）立足文本，细析教材，课程思政有载体

 教学标准

　　·幼儿保育专业人才培养方案
　　·中职语文课程教学标准
　　·学前教育专业语文学科核心素养

教学内容

本课选自中等职业教育国家规范教材，高教版《语文》（基础模块）下册第六单元古诗词欣赏。本单元侧重点是通过古诗文的诵读和理解，增加语言积累，陶冶情操，提高文化品位，培养学生鉴赏能力和审美能力。该篇作为豪放派词的扛鼎之作，不仅为学生学习情景交融的表达技巧提供了绝佳的范本，也为学生区分两大词派作品奠定坚实的基础。

本课设计两课时，第一课时学生通过层层诵读已初步领略了词的豪放风格以及苏轼波澜壮阔的一生，本设计以第二课时为例讲述。

参考文献

余秋雨《东坡突围》；林语堂《东坡传》；李林圃. 无着的英雄情怀——再读《念奴娇·赤壁怀古》[J]，名作欣赏. 2019.

（三）数据解析，准确定位，课程思政有方向

本次授课对象为我校 22 级幼儿保育专业学生，结合本次教学内容以及对中职语文核心素养的考量，我们做了深入调研，采集各类大数据，对此次教学进行了综合 SWOT 分析（图 2）

基于教情学情，我们将本次教学的突破点聚焦于以下两方面：

一是如何让平面的文字变成立体。将仅有 90 字的词作变成会动的剧情。

二是如何让古韵变成今风。让苏东坡活在当下，让这位生活的智者栩栩如生。

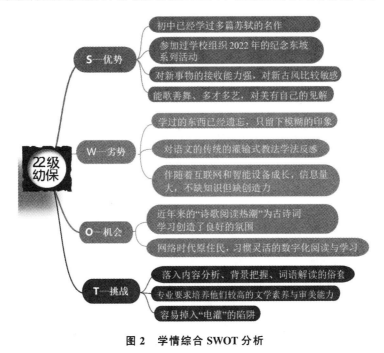

图 2　学情综合 SWOT 分析

续表

（三）目标及重难点分析	

知识目标

学习烘托和映衬的表现技巧；

能力目标

（1）通过对字词运用的斟酌和诵读，会还原写景之状；

（2）通过对诗歌内容的挖掘和想象，能体悟词人情怀。

思政目标

1. 理解作者渴望为国效力的思想与壮志未酬的情感，汲取苏子乐观旷达、积极奋进的人生智慧；

2. 有机融入学前教育专业元素，提升文学素养与审美能力。

二、教学内容与策略

（一）教学策略与方法

以引领点拨、启发探究为主线，采用多角度朗读理解探究，辅以创设情境法、任务驱动法、讨论点评法，激发学生积极探究，含英咀华深入文本。

（二）教学资源与环境

本课依托网络教学平台、智慧教室，将教学资源设计成"赤壁怀古"专题学习资料，并结合 AI 智能软件、动画、音频、视频等多重信息化手段教学。网络教学平台整合各项学习资源，生生合作、师生合作，突出重点，突破难点，实现教学目标。

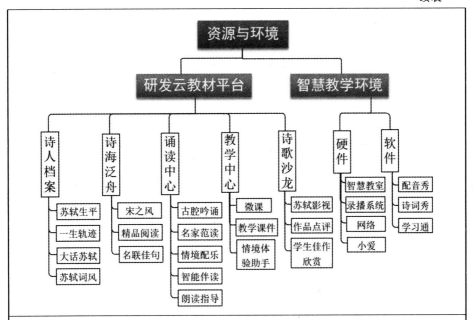

（三）思政映射与融入点

教学内容	对应的课程思政目标	思政融入点	组织方式
了解作品背景与苏轼其人；把握词意，了解古代诗歌特殊的语言现象	语言建构与运用	活动1：知人论世 思政元素：联系学生的生活体验与生命经验对作品进行深度解读，帮助学生增强民族自尊心。	情景创设 画龙点睛
把握词中周瑜形象特点，探究作品人物形象与历史人物形象的矛盾	思维发展与提升	活动2：三国知识竞猜 思政元素：明史爱国，养正家国情怀。	合作探究 元素化合
体会作品的开阔意境，感受苏词豪放的风格	审美鉴赏与创造	活动3：多形式诵读 思政元素："以我口诉我心"，实现德言统一，涵化以美育德。	合作探究 元素化合
作品人物与历史人物的时空错位，揭示苏轼所向往的理想形象	文化传承与理解	活动4：《东坡突围》课本剧表演 思政元素：在表演中具化东坡所蕴藉的"四个伟大"精神，使之如涓涓细流滋润学生心田。	任务驱动 元素化合 专题嵌入

续表

（四）教学流程

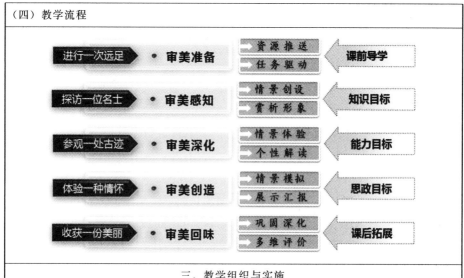

三、教学组织与实施

环节一：审美准备——资源推送，任务驱动（课前导学）

教学内容 1. 以"文学圈"的模式进行分组，6人一组按角色分派任务； 2. 根据数据，调整教学策略	主要角色任务一览表	
	讨论主持人	组织小组成员有序有效发表观点，初步拟定解读的方式
	文本神探	至少提出一个与作者或词作创作背景有关的开放式问题
	摘要助手	在讨论之前对作品作摘要式的简单分析
	朗诵达人	分享精彩片段，阐述理由并大声朗读
	情感链接大师	联系自身生活经验谈谈东坡精神的现实意义
	艺术家	用图画或其他形式呈现作品主题或创意解读

教师活动	学生活动	技术及资源	目标达成
1. 追踪任务完成情况； 2. 分析课前系统数据，了解学生诗词学习兴趣点和盲区； 3. 将学生遇到的具有共性的问题，设计成不同形式的微课； 4. 采取教学策略，"批文入情、回归诗意"。	1. 微课自主学习测试； 2. 用"配音秀"APP朗读词作，组内互评推优； 3. 初步拟定解读的方式待课中完善并展示。	1. "专题学习云教材"帮助学生降低认知负荷； 2. 学习通自学与评价功能； 3. "配音秀"APP范读、练读、打分功能。	1. 化用"文学圈"的模式预习课文，实现信息的综合交流与思想的碰撞，从而激起进一步深入学习的动力。 2. 教师掌握学情，制订教学策略。

环节二：审美感知——个性初读识苏词（12分钟）			
1. 各组展示组队诗句，小组互评；（2分钟） 2. 展示平台数据，盘点学生课前任务完成情况，课堂分享"我眼中的苏轼"；（5分钟） 3. 深情诵读，以读代品。（3分钟）			
教师活动	学生活动	技术及资源	目标达成
1. 激情导入许多古人，每见名山大川，必有所感怀。如孔子"登泰山而小天下"，范仲淹临洞庭而忧苍生，欧阳修游滁州而醉山水。他们心为山动，情为水发，锦文华章喷薄而出，留下许多千古绝唱。宋代词人苏东坡来到历经沧桑的赤壁古战场，同样情难自已，醉书一曲《念奴娇》，让世人传唱。今天，我们继续来学习苏轼的《念奴娇·赤壁怀古》； 2. 盘点课前任务完成情况； 3. 深情诵读，先声夺人，亲自绘制具有智能伴读功能的沙画视频，引导学生深情诵读。 	1. 跟随恢宏的古战场，进入古诗文欣赏环境；  2. 展示各小组组队口号； 3. 分享"我眼中的苏轼"； 4. 深情诵读，先声夺人； 5. 跟AI智能伴读视频深情诵读，在吟咏中入情入境。  	1. 学习通平台互动、评价功能；  2. 自制智能伴读沙画视频，引导学生进入情境，正确掌握诗歌朗读节奏。	1. 激情导入，期待对话，走进文本； 2. 收集筛选自己喜爱的诗句做口号，引导学生用心、用口、用耳感悟语言的情感与韵味； 3. 制作电子相册并讲述"我眼中的苏轼"，强化学前专业信息素养培养，有效帮助学生了解苏轼、为后续学习奠定基础； 4. 让学生咬定朗读不放松，让学生体味到该词豪放不失婉约，婉约隐于豪放的独特风格，为之后分析苏轼的矛盾情感奠定基础。

续表

环节三：审美深化——合作精读赏苏情（20分钟）
教学内容

1. 深入对话，叩击文本

（1）上阕写景——通过字词的斟酌与诵读，还原赤壁奇险壮阔的景象。

字词	特点	角度	修辞	基调
乱	险怪	形	夸张	雄奇壮阔
穿	高峭			
惊	汹涌	声	比拟	
拍	水石相击			
卷	狂澜奔腾	色	比喻	
雪	水色纯白			

（2）下阕怀古——通过对诗歌内容的挖掘和想象，在对比中体悟词人无着的英雄情怀。

项目	周瑜	苏轼
年龄	24	47
婚姻	幸福美满	屡遭不幸
外貌	英俊儒雅	早生华发
职位	东吴都督	团练副使
际遇	功成名就	共鸣未成
基调	感奋	感伤
意境	向往古代英雄	感慨壮志难酬

2. 巧借错位，突破重难点

（1）地点选择错位——"三国周郎赤壁"。

解析："人道是"的意思是人们都说，至于"我"认为不一定就是赤壁。"赤壁何须问出处，东坡本是借山川。"苏轼的意图就是为了引出历史上精妙绝伦的赤壁之战，借赤壁之战抒发今日之情怀。

（2）历史节点错位——小乔初嫁"嫁接"到赤壁之战。

解析：用美人衬托英雄，不仅衬托出周瑜年轻有为、英俊潇洒，而且还表现出周瑜雄姿英发、志得意满、地位特殊。

（3）人物形象错位——"羽扇纶巾"。

解析：让武将周瑜更添儒雅，更显指挥若定、风流潇洒。用"错位"极力渲染周瑜，映照着作者的"早生华发"、被贬黄州、坎坷潦倒。更见伤感，更显愤慨！

（4）时间设置错位——上阕为白天景，下阕却转为夜景。

解析：诗人的想象、艺术的虚拟。写登高望远之时是在白天，看"大江东去"，"乱石穿空"；而俯首祭月之时是在晚上，因为唯有皎洁高悬、亘古不变的月亮才是他此刻的知己，身心的寄托。

续表

教师活动	学生活动	技术及资源	目标达成
1. 情境体验，加深感悟 自制"情境体验助手"，重现诗歌情境，引导学生体验诗歌意境。 **2. 深入对话，叩击文本** （1）巧借错位，解析难点：展示课前数据：学生喜爱的重点词句与共性问题，引导学生合作探究词作的地点、时间、人物形象等方面的错位设置； （2）对比赏析，发现问题：根据学生讨论的情况，对学生忽略的问题进行提示，启发学生思考。预设：①词作开头与《三国演义》主题曲开头"滚滚长江东逝水，浪花淘尽英雄"对比赏析；②词作中周瑜形象与《三国演义》中的对比赏析；③"神游者"是谁？ **3. 个性解读，诗意回归** 指导学生完善个性化解读方案并上台展示，根据学生的解读情况点评、补充。	1. 玩情境体验游戏，为诗歌配图、配乐，深入体验诗歌意境；选择图片⇨选择音乐⇨输入情感表达⇨预览生成⇨上传  2. 结合所学进行发散思维，大胆发言，分享讨论意见，并设计好演读方式； 3. 组内挑选代表上台展示。 	1. 学习通互动和数据统计功能，第一时间掌握学生关注点与盲区。 2. 云教材中的"情境体验助手"模块，利用图片、音乐重现诗歌情境，为学生的体验与学习提供必要的引导与帮助，让学生自主发现文字之美，理解作者情感寄托。	1. 深入对话、叩击文本，学生既个性阅读，又合作共读，教师进行赏读指导，品析词句、分析意象与诵读品味交错进行，一静一动、一张一弛之间，推动学生阅读鉴赏活动渐进深入，突出了教学重点。 2. 课前数据分析，发现词作中的错位的"暗示""邀请"，发现破解《赤壁怀古》艺术魅力的通道——错位。顺势借助错位通解全篇，引导学生发现语言文字绝不是一维的表层含义，而是多维的交互补充，凸显文学的无穷意蕴，达成知识与能力目标。

续表

环节四：审美创造——创意演读悟苏心（13分钟）			
教学内容			
1. 开放对话，超越文本 （1）创意演读，感悟东坡精神 师生合作将这首词的创作背景及词作内容改变为剧本，通过个性化的、富有表情的、生动的朗读，展示东坡涅槃重生的过程，传承东坡精神，落实情感目标。 （2）对话作者，坚定文化自信。 **2. 课堂小结，头脑风暴** 这首词把写景、咏史、议论、抒情融为一体，从"大江东去"的高昂激越豪迈——"遥想公瑾当年"的景仰羡慕——"人生如梦"的沉郁苍凉——"一尊还酹江月"的超越旷达，全词的基调是豪壮的，但豪壮中交织着悲苦和旷达、出世与入世、消沉与豪迈种种复杂的情绪和心态。使这首词内容丰富、情感复杂、感慨独特、充满哲理、意味深长。			
教师活动	学生活动	技术及资源	目标达成
1. 对话作者，坚定文化自信 假如你通过时间旅行站在东坡大师面前，和他谈起这首词，你将对他说些什么？ **2. 创意演读，传承东坡精神** 指导学生带着对词作的感悟、对苏轼的敬意进一步优化课本剧表演《东坡突围》。 **3. 课堂小结。** （1）用思维导图的形式总结本课堂内容。 （2）课堂评价：引导学生到平台上填写本节课的《小组互评表》，教师再进行点评。 （3）寄语：人生缘何不快乐，只因未读苏东坡。亲爱的朋友们，某一天，当你失落时，彷徨无措时，回头再读读苏轼的诗词，读读苏轼的人生，希望大家都能像苏轼一样：一生温暖纯良，不舍爱与自由。	1. 同学们"穿梭时空"与苏东坡对话，在平台弹幕记录下他们的敬仰。 2. 带着对诗歌学习的深刻感悟，优化作品，秀出自己的创意解读成果。  3. 学生通过学习通平台填写本节课的《小组互动评价表》。 	1. 平台发布"对话苏子"。 2. 表演的背景视频、音乐。  3. 学习通平台的评价数据，能够让学生了解课堂表现优劣情况，多元化的评价彰显语文课堂生命活力和人文气息。	开放对话、超越文本，借助学生要参加上级部门组织的"经典诵读展演活动"的契机，围绕教学目标，师生共同设计排演展演节目《东坡突围》，让学生在交流、创作、展示的过程中再次感受到诗歌的魅力，不仅能潜移默化地提高学生传统文化方面的审美情趣和艺术素养，而且对于帮助学生树立专业学习的信心和理想也有深远的意义，有效落实情感与素养目标。

环节五：审美回味——拓展思维、多维评价			
1. 布置作业 (1) 基础级：有感情诵读全诗，竞选"朗读之星"。 (2) 发展级：搜集苏轼及词作资料，制成海报。 (3) 挑战级：充分发挥专业优势和特长（说、写、读、弹、跳、唱、画），分享本课学习心得体会及收获。	(1) 完成作业，并上传至平台、网站。  在幼儿园分享《东坡故事》。 (2) 平台查看自己本节课学习情况并反思总结。	(1) 学习通的游戏、评价功能。 (2) 优秀作业展示。 (3) 微课——个性化辅导视频。 	分层闯关激趣，知识拓展。鼓励学生在生活中学以致用，到情境中真实地去检验学习的效果，既促进了有效语言学习经历的生成，也促进了语文核心素养的形成。

四、教学反思与整改

 思效

1. 提高效率，突出成效

本课设计改变古诗文教学易流于面面击破的琐碎，利用学习通数据捕捉、投票、弹幕等，改变原有的单向师生对话或低效的生生对话，有效达成教学目标。与平行班相比，基础知识点评分测验正确率 75 分提升到 88 分。

2. 学会学习，提升能力

借助云教材、网络教学平台等信息化手段，为学生获得深层次的认知体验提供了一个广阔的教学环境，让学生在宽松愉悦的课堂中学习古诗词，培养了学生的审美能力，提高学生古诗词的鉴赏能力。

3. 以生为本，激发参与

多种互动促进学生学习的有效参与，与平行班相比，学生课前预习由 78 分上升到 90 分，课中互动由 65 分上升到 90 分。

 思效

1. 紧扣文本，强化诗意体验：巧借错位解析，引导学生细细读、反复品，使其更准确地体悟作品情感，理解作者匠心，力求构建富有语文味的语文课堂。

2. 信息支撑，实现古今对话：运用学习通、云教材、智能朗读评分 App、情境体验助手等学生最常用、乐用的现代化信息技术进行实践活动，在教、学、思、做、悟中，学生找到了诗词学习的方法。

3. 创意解读，诗化现实生活：多形式创意解读，实现生间、生与文本间的情感互动和师生价值观的动态生成，让语文的工具性与人文性和谐共舞。

4. 共享示范，力求精准帮扶：利用远程信息技术同步课堂到结对帮扶学校，实现信息的双向流动以及资源共享，同时在交流互动的学习中转变教与学的方式，培养学生良好的沟通交流能力、创新思维能力。

 思效

少一点预设、多一点生成，让学生在"安全"的氛围中发表自己的独特感悟，在多向的"对话"中逐步提高感悟水平。

结束语：千江有水千江月，唯愿我的目光所及，成就我的教学境界！

课程思政教学的教师自评参照指标

评价指标	权重（%）	评价标准
课前准备	15	将人才培养的育人目标和学科核心素养融入课程教学之中
		明确确立了本课程的认识、技能、情感三方面教学目标
		对课程各篇章所蕴含的思政元素进行了梳理、提炼和归纳
		根据课程的知识体系和思政元素体系对课程设计进行了系统整理和重构
课堂教学	25	创设教学情境，顺势导入课程知识与思政元素
		选择贴近学生生活、思想、认知水平的案例进行知识的讲解和应用，创设以德育为基础、与学科有关的讨论主题或项目任务
		将理论与实践教学有机有效结合，培养学生的实践能力
		让学生了解所学课程知识和能力在实际场景中的运用
		教学注重与本专业相关课程衔接
		课堂氛围和谐良好，形成师生共同体
学习反馈	15	课堂互动中，老师及时给予反馈、引导或点评
		注重学生互评和自评，对各类互评和自评活动制定考评细则和考评量表
		重视学生对课堂教学的反馈意见，并做出积极反应
		在了解学生学习状况下，提供个性化的学习资源和辅导
考评与质量分析	15	一定比例题型或主题融入学生的情感、态度和价值观
		各类考评活动有编制考评细则和量规表
		对各类考评活动做出详尽的质量分析，得出有意义的反馈信息
教学学术能力	20	对课程整体设计、课程思政教学指南、教材建设做出贡献
		参与各项职业发展需要的专题培训
		能将课程思政教学研究成果形成论文，交流研讨
教学反思与改进	10	注重对自身教学能力、素养品质、职业胜任力进行反思
		重视学生、同行的评价反馈，进行自评反思，有具体的改进措施

课程思政教学的同行评价参照指标

一级指标	权重（%）	二级指标		评价标准
教学准备	20	思政目标	契合度	适合人才培养要求，有明确的、与学科人才培养要求相适应的情感目标
		思政元素	融合度	能紧密结合课程知识凝练思政目标，寓价值观引导于知识传授和能力培养之中
			可测度	思政目标描述清晰、具体、可检测
			深广度	深入挖掘思政元素，体现课程思政知识传授和价值引领的双重功能
			全过程	根据思政目标，将思政元素贯穿到教学全过程，教学大纲中有思政教学目标和元素，明确章节的课程思政教学设计
			学科特色	分学科分门类有侧重凝练思政元素，体现学科育人特征；思政元素的融入对学生职业能力的培养和职业素养养成起到重要支撑和明显促进作用
教学实施	55	教学素材	典型性	思政教学素材丰富，选取含有社会主义核心价值观、中华优秀传统文化教育、法治教育、劳动教育、职业理想与道德教育等德育内容的典型素材
			亲和性	思政教学素材应注重启发，应注重选取贴近实际、贴近生活、贴近学生的素材
			科学性	从社会实际中寻找，从学科的知识与社会实践结合度中去寻找素材；选取既传承历史血脉又体现与时俱进的教学素材
			适量性	注意适量，选择那些蕴涵德育功能、能促进学生形成良好品质的素材
			多样性	内容丰富，包括经典故事、新闻报道、社会热点等；形式多样，包括图片、音频、视频等
		教学方法	优化组合	优化教学方式方法，以学生为中心，根据课程特点，采用启发性、探究式等教学方法；融合现代信息技术，体现共性学习和个性发展相统一
		教学设计	巧妙性	设计巧妙，进度适宜，组织合理，内容充实，满足学生学习需求；有效调动学生思维和学习积极性，启发性强，做到师生互动、生生互动
		教学过程	融合度	思路清晰，结构合理，将思政元素等科学、合理、流畅地融入课堂；隐性教育，春风化雨，润物无声；用学生喜闻乐见、易于接受的教学方法，潜移默化引领价值
		教学考核	科学性	创新考核评价方式，能够体现过程性考评的要素；结合案例分析、情景审计、讨论辩论、期末考核等方式，对课程思政目标进行科学有效的考核；将思政元素列入课程考核知识点，落实到课堂讨论、课后作业、实验实训中

续表

一级指标	权重（%）	二级指标		评价标准
教学评价	15	教学成效	目标的达成度	达成思政目标，有效解决思政育人教学重难点问题
			情感的共鸣性	德育功能突出，共鸣性强，效果明显，能充分激发学生的认同感
			课程的获得感	有效提升学生学习兴趣和学习能力，学生对课程的满意度高、获得感强
教师素质	10	教学素养	专业素养	具有良好的专业素质、科学精神、人文关怀，善于提炼专业课程蕴含的育人元素
			教态大方	精神饱满，亲和力强，思路清晰，用语规范，逻辑严谨
		教学投入	自我提升	理论功底扎实，教学内容熟悉，教育理念先进，充分发挥课程思政教育功能

课程思政教学的学生自评参照指标

评价指标	权重（%）	评价标准
学习目标	15	教师帮助我明确了本课程的综合知识、实践能力和情感态度等学习目标
		教师清楚地阐述了本课程的考评标准
		教师清楚地阐明了本课程的学习重难点
学习内容	25	教师为课堂做了充分的准备
		教师在知识传授和价值引导之间达到了适当的平衡和有效的结合
		教师对课程专业知识中所蕴含的哲学思想、情感认同等思政元素的把握和贯穿，让我感受到课程的灵魂
学习过程	25	教师讲课具有逻辑性和投入度，激发了我的学习动力和创造性
		教师对所教授课程领域知识的精通和教学热情激发了我的学习热情
		教师善于营造情境，引起我的专业自豪感和责任感
		教师安排了富有成效的讨论与互动活动，并进行了很好的指导
		教师帮助我学会了评估自己的学习成果和学习过程
		教师对我的课堂表现、作业和进步提供了有意义的反馈
		师生关系和谐融洽
学习成效	25	培养了我将理论应用于实际以解决现实问题的能力
		帮助我了解了课程所涉及的学科史、专业伦理和职业素养等
		教师促进我获得和发展了科学精神、家国情怀、审美意识、文化自信（有任何一种即可）等
		教师促进我获得和发展了面对困难和挑战的韧性和策略
		教师为我如何成为一名有责任感和使命感的专业人士提供了指导
教师形象	10	教师精通所授课程领域，严谨治学
		教师仪态大方、举止得体、精神饱满
		教师敬职敬业、热爱学生、三观正、充满正能量

课程思政的示范课程参照指标

一级指标	二级指标	评价标准
课程背景	课程定位	有明确的课程思政建设发展目标
		课程思政目标源于专业人才培养方案和课程标准
	课程目标	课程思政目标具体清晰、便于操作
		思政目标全面，有助于帮助学生树立正确的世界观、人生观和价值观
课程建设	课程设计	思政元素在课程内容中的占比
		课程目标中立德树人理念的呈现度
	课程资源	建立思政教学素材资源库
		思政资源与知识点紧密衔接的程度
		思政资源与时俱进、与国家政策同步
	课程方法	对课程有完善的评价机制，能够根据专家反馈做出适当的改进
		创新课堂教学组织形式，强化学生的感受和体验
		利用信息化教学手段，优化组合教学方法
课程实施	教学过程	教学内容能有机融入思政元素，实现润物无声的隐性思政教育
		课程内容能够按照教学计划按时完成
		用多种教学方式培养学生独立思考、团队合作等能力
	教学考评	在对学生的课程考核中加入相关课程思政内容的考核
	学生参与	把思政元素深度融入课堂活动，鼓励学生积极参与
		学生对思政目标的认可程度，思政教育成为推动学生拓展学习的一种动力
		学生学习过程中各项活动的参与情况与行为表现

续表

一级指标	二级指标	评价标准
课程效果	学生体验	结合课程思政教学，收集学生形成的物化成果
		课程思政教学前后学生态度、情感、价值观的变化
	学生发展评估	学生对自我发展的认知与未来规划
		学生在日常的学习生活中自觉践行社会主义核心价值观
		学生实习实践中的行为表现
	课程整体效果	课程思政实施方案具有推广性
		学生对课程满意度提升
		课程思政内容质量和学术氛围提高

课程思政课堂教学评价表（范例）

课程名称：　　　　　　授课教师：　　　　授课时间：　　　　授课班级：

评价项目	评价标准	等级赋分						得分
		分值	A	B	C	D	E	
教学仪态	仪态大方，举止得体，精神饱满							
	语言得当，课堂亲和力强							
教学内容	思政元素经过提炼归纳，明确课感知							
	思政要点符合路线方针，准确无偏差							
	思政内容紧扣课程知识，贴切不突兀							
	思政比重服从课程教学，合理不泛滥							
教学方法	思政元素的导入和切换自然流畅							
	思政教学过程柔润无形，顺势而为							
	思政信息表达的可接受度和可信度高							
教学情境	善于设置教学情境，有效调动学生注意力和情感变化							
	善于把控现场局面，收持有度，处变不惊							
	课堂氛围热烈与情境交融，师生沟通自然流畅							
教学效果	学生学习态度认真，全程专心听讲							
	学生配合度高，实现积极师生互动							
	学生有跟随教学过程而产生的情感情绪变化							
简要总体评价								

课程思政教学备课表（范例）

课程名称：语文

课程章节：专题六 文化与传承——古诗文阅读与欣赏　　　　使用教材：高教版中职语文基础模块（第四版）

本单元课程思政教学目标：1. 家国情怀维度：逐步加深对个人与国家、个人与社会、个人与自然关系的思考和认识；2. 文化自信维度：感悟其中的儒家思想、道家思想和佛家思想等传统价值观念，并内化为自己的行为准则；3. 审美意识：学生可以领略其中的美学价值、提高自身的审美水平，并培养自身的审美水平，并培养对人文、历史和文化的独特理解和感悟；4. 身心健康维度：正确认识和理解学习的价值、根据不同情境和自身实际，选择或调整学习策略和方法等；5. 道德品质维度：继承和弘扬中华民族传统美德和礼仪、善于区别真、善、美与假、丑、恶。

课程思政元素	对应课程知识	教学方式要点简述	所对应的课程思政维度与对应强度（强支撑＋＋＋，中度支撑＋＋，一般支撑＋）																							
			政治认同			家国情怀			工匠精神			文化自信			审美意识			道德品质			身心健康			国际视野		
			1	2	3	4	5	6	7	8	9	10	11	12	13	14	15	16	17	18	19	20	21	22	23	24
《诗经》的艺术美	赋比兴的表现手法	多种形式贯穿课堂，让学生感受诗歌的韵律之美													＋	＋	＋									

189

续表

课程思政元素	对应课程知识	教学方式要点简述	政治认同			家国情怀			工匠精神			文化自信			审美意识			道德品质			身心健康			国际视野		
			1	2	3	4	5	6	7	8	9	10	11	12	13	14	15	16	17	18	19	20	21	22	23	24
古代劳动人民对爱情的向往	深入理解诗歌所要表达的内涵	借助信息技术创设和原文一样美妙的意境，沉浸式品读																				+	+			
中华传统思想的当代意义	孔子及《论语》相关文学常识	引入孔子及孔院的有关介绍										+	+	+				+								
学习目的、方法、态度	荀子"学不可以已"的观点	设计一些探究性思考题目引导学生思考，如：从《劝学》到"劝劝人们怎么学、学什么"等							+	+		+									+	+	+			

（所对应的课程思政维度与对应强度（强支撑+++，中度支撑++，一般支撑））

课程思政元素	对应课程知识	教学方式要点简述	所对应的课程思政维度与对应强度（强支撑＋＋＋，中度支撑＋＋，一般支撑＋）																							
			政治认同			家国情怀			工匠精神			文化自信			审美意识			道德品质			身心健康			国际视野		
			1	2	3	4	5	6	7	8	9	10	11	12	13	14	15	16	17	18	19	20	21	22	23	24
主要人物德才兼备的人格魅力	人物形象分析	有关人物思想品质、精神境界的句段让学生反复诵读，角色朗读、品味，课本剧表演等				＋＋	＋＋＋	＋＋				＋＋						＋＋＋								

备注：

政治认同：1——拥护中国共产党领导；2——坚定中国特色社会主义理想信念；3——积极投身于中国特色社会主义建设；

家国情怀：4——在情感层面发自内心地热爱国家；5——与国家民族休戚与共的家国同构；6——以百姓之心为心，以天下为己任的使命感；

工匠精神：7——执着专注的敬业精神；8——精益求精的职业品质；9——探索创新的价值取向；

文化自信：10——认同并热爱中华民族的优秀传统文化；11——认同并热爱中国共产党的革命文化；12——认同新时代中国特色社会主义文化；

审美意识：13——树立科学正确的审美观念；14——培育健康向上的审美心理；15——发展较高层次的审美能力；

道德品质：16——传承和发扬中华民族传统美德；17——弘扬和践行社会主义核心价值观；18——明确并履行社会主义制度下的权利、责任与义务；

身心健康：19——良好的学习态度和学习习惯；20——良好的人际交往和合作能力；21——良好的自我管理和调节能力；

国际视野：22——了解国际政治体制与文化差异；23——具备基于全球变化与国际差异的思维视角；24——以全球视野看待并参与社会主义中国的建设。

参考文献

[1] 梁其贵. 语文德育论 [M]. 郑州：大象出版社，2006.

[2] 于丹. 字解人生 [M]. 北京：东方出版社，2015.

[3] 王崧舟，林志芳. 诗意语文课谱 [M]. 上海：华东师范大学出版社，2011.

[4] 杜震宇. 生物学科课程思政教学指南 [M]. 上海：华东师范大学出版社，2020.

[5] 白金声. 语文德育渗透艺术 [M]. 北京：中国林业出版社，2000.

[6] 高芳华. 新时代中职语文课程思政解析 [M]. 长春：东北师范大学出版社，2020.

[7] 林贤明. 高校教师课程思政教育教学能力提升教程 [M]. 北京：中国农业出版社，2022.

[8] 王焕良，马凤岗. 课程思政——设计与实践 [M]. 北京：清华大学出版社，2021.

[9] 上海市语文学科德育实训基地. 语文德智融合实践探究 [M]. 上海：上海教育出版社，2016.

[10] 宗爱东. 课程思政：一场深刻的改革 [M]. 上海：上海人民出版社，2022.